Friedrich Spielhagen

Deutsche Pioniere

Eine Geschichte aus dem vorigen Jahrhundert

Friedrich Spielhagen

Deutsche Pioniere

Eine Geschichte aus dem vorigen Jahrhundert

ISBN/EAN: 9783743396845

Hergestellt in Europa, USA, Kanada, Australien, Japan

Cover: Foto ©ninafisch / pixelio.de

Manufactured and distributed by brebook publishing software (www.brebook.com)

Friedrich Spielhagen

Deutsche Pioniere

Erstes Capitel.

An einem Vormittage im Monat April des Jahres 1758 herrschte in dem Hafen von New-York ein besonders reges Leben. Trotz des bösen Wetters, das mit dickem Nebel und Sprühregen schon ein paar Tage angehalten hatte und eben jetzt wieder aus grauen, tiefziehenden Wolken einen Guß über die Menge schüttete, standen am Quai dichte Gruppen und schauten nach einem großen Dreimaster aus, der schon ein paar Tage auf der Rhede gelegen und jetzt in geringer Entfernung vom Damm auf dem bewegten Wasser vor seinen Ankern schaukelte. Von dem Top des Schiffes wehte die holländische Flagge, aber die Waare war deutsch: Auswanderer, ihrer vierhundert oder auch fünf; man wußte es nicht so genau, denn vorhin waren vorläufig nur die Männer an's Land gesetzt worden, um dem König von England auf dem Stadthause zu huldigen. Der Zug war schon seit einer Stunde vorbeipassirt und die große Menge war ihm gefolgt. Viele waren aber auch zurückgeblieben, oder absichtlich später gekommen, um sich einen guten Platz für den interessanteren Theil des Schauspiels zu sichern. Denn erst, wenn der Zug aus dem Stadthause zurückgeführt war, konnte die eigentliche Ausschiffung beginnen, ein verhältnißmäßig einfaches Geschäft für die, welche die Fahrt bezahlt hatten, ein sehr verwickeltes für die anderen, welche warten mußten, bis sich Jemand fand, der für sie bezahlte.

Es hieß, die Zahl dieser Unglücklichen sei diesmal sehr groß. Das Schiff hatte schon im Herbst des vergangenen Jahres Rotterdam verlassen, aber unterwegs wegen schwerer Havarie, die es im Kanal gehabt, Southampton anlaufen und dort überwintern müssen. Solche Verzögerungen aber beraubten erfahrungsmäßig die Armen und Aermeren unter den Auswanderern ihres letzten Zehrpfennigs, und brachten selbst solche, welche nicht mittellos an Bord gekommen waren, nach und nach in die Gewalt des Schiffscapitäns, oder vielmehr des Rhebers, als dessen General-Bevollmächtigter der Capitän fungirte. Konnte er doch jetzt die Rechnung über oft nie geleistete Dienste und nie gelieferte Dinge und für Auslagen, die er nie gehabt, so lang machen, wie er wollte, und sonstige nachträgliche Bedingungen stellen, wie sie ihm gut dünkten! Das Geschäft sollte in diesem Falle besonders vortheilhaft gewesen sein. Die größere Menge der Auswanderer waren keine armen, bereits halb verhungerten Schelme aus der Pfalz gewesen, sondern derbe Landleute aus Norddeutschland, welche die Schandwirthschaft der Franzosen unter Soubise mehr, als eigentliche materielle Noth vertrieben. Es waren ihrer sogar Einige noch im Winter von England nach Hause zurückgekehrt, nachdem durch die Schlacht von Roßbach die Angelegenheiten im Vaterlande eine bessere Wendung genommen; Andere hatten nicht wieder zurückgewollt, die Meisten aber wohl nicht mehr zurück gekonnt, nachdem sie, was sie hatten, während des langen Aufenthalts in dem fremden Lande verthan und verzehrt. Und nun war, um das Unglück voll zu machen, eine selbst für diese Zeit unverhältnißmäßig lange und beschwerliche Fahrt über den Ocean dazugekommen. Da war es denn sehr begreiflich, wenn über die Hälfte der Passagiere keine volle Zahlung leisten konnte, und nun zum Lohnverkauf ausgeboten werden mußte, wie gestern bereits in der „Gazette" und im „New-Yorker wöchentlichen Journal" gestanden, und heute von dem Marktrufer an den Straßenecken ausgeschrieen und ausgetrommelt war.

So erzählte man sich in den Gruppen auf dem Quai, die zum größeren Theil aus Leuten bestehen mochten, welche sich an dem Kauf betheiligen wollten. Wenigstens bemerkte man unter den Stadtleuten auffallend viele Farmer in ihren unförmlichen Röcken von selbstgesponnenem Zeuge und mit Pfundsporen an den plumpen Stiefeln, welche wohl zu keinem anderen Zweck den beschwerlichen Weg in die Stadt gemacht hatten, als um nachzusehen, ob sich unter dem Gesindel nicht ein brauchbarer Bursch oder eine rüstige Magd auftreiben lassen sollte.

„Die Gentlemen hätten auch besser gethan, zu Hause zu bleiben," sagte ein winziges Kerlchen, das in einer größeren Gruppe stand; „ich will mein Bügeleisen auffressen und nicht Samuel Squenz heißen, wenn sie aus den mit Haut überzogenen Skeletten, die vorhin hier vorbeigezogen sind, auch nur einen einzigen ordentlichen Ackerknecht herausfüttern."

„Habt Ihr sie gesehen?" fragte ein Anderer, der eben herantrat.

„Ob ich sie gesehen habe!" erwiederte Samuel Squenz, „wir Alle haben sie gesehen; ich sage Euch, Nachbar, wenn sie aus dem Grabe kämen, nachdem sie vier Monate darin gelegen, sie könnten nicht mehr Knochen und weniger Fleisch haben. Freilich, vier Monate im Grabe und vier Monate auf dem Holländer da — das wird wohl so ziemlich auf eines herauskommen."

„Die armen Teufel," sagte der Andere.

„Ach was, arme Teufel!" rief ein Herr, der sich durch eine größere Perrücke, gewähltere Tracht, dicke, rothe Hängebacken und einen etwas deutschen Accent von seiner Umgebung auszeichnete: „arme Teufel! was thun sie hier! was wollen sie hier! können sie nicht bleiben, wo sie waren. Was sollen wir mit den Hungerleidern und Schuften, die uns nichts in's Land bringen als die schmutzigen Lumpen, mit denen sie behangen sind."

„Und das Schiffsfieber, Gott soll uns bewahren," rief Samuel Squenz; „ich habe mir Nase und Mund zugehalten, als das Gewürm vorhin an uns vorüberging."

„Es ist eine Sünde," meinte ein Dritter.

„Es ist eine Schande," brummte ein Vierter.

„Darum habe ich immer gesagt," fuhr der Herr mit den rothen Hängebacken fort: „wir sollten es machen, wie die zu Philadelphia, welche schon vor dreißig Jahren auf jeden importirten Dutchman ein Kopfgeld von vierzig Schillingen gelegt haben, wie auf einen Neger. Aber da predigt man, und predigt tauben Ohren. Nun, ich will mir die meinen, dieser Schufte wegen, nicht naß regnen lassen. Guten Tag, Gentlemen!"

Der Dicke berührte den dreieckigen Hut, verließ aber nicht den Platz, sondern ging mit gravitätischen Schritten bis an den Rand des Quais und schaute nach dem Schiffe aus, das jetzt den Anker gehoben hatte und langsam mit der Fluth herantrieb.

„Es ist eine Sünde," sagte der Dritte.

„Es ist eine Schande," sagte der Vierte.

„Nämlich von Mr. Pitcher, so zu sprechen," rief Jemand, der die letzten Worte des Davongehenden gehört hatte und nun herantrat.

„Wie meint Ihr das, Mr. Brown?" fragte Samuel Squenz, ehrerbietig seine Pelzmütze lüftend.

„Nun, ist es keine Schande," sagte Mr. Brown, ein kleiner, alter, hagerer Herr, welcher sehr lebhaft sprach und während des Redens viel mit seinen mageren Aermchen gesticulirte; „ist es keine Sünde und Schande, wenn Jemand in dieser schnöden Weise von seinen Landsleuten spricht! Oder ist dieser Mr. Pitcher nicht etwa eben so gut oder so schlecht, wie die armen Teufel da auf dem Schiffe? Sind seine Eltern nicht im Jahre 1710, als Robert Hunter Gouverneur war, mit der großen Pfälzer Einwanderung nach New-Jork gekommen? und waren brave, ehrliche Leute, die ich wohl gekannt habe, und die es sich haben sauer werden lassen und ehrlich und redlich zu ihrem spätern Wohlstande hinaufgearbeitet und etwas Besseres verdient haben, als daß dieser ihr Sohn, den ich barfuß hier in den Straßen habe umherlaufen sehen, ihrer sogar vergißt und ihr

Andenken schmäht, und sich aus einem deutschen Krug in einen englischen Pitcher umgetauft hat. Pitcher fürwahr! Der alte Krug, denke ich, war aus besserem Thon, als dieser junge englische Pitcher, der auf die Einwanderung schimpft und dabei mit den holländischen Zielverkoopers unter einer Decke steckt und mit Menschenfleisch handelt, wie Ihr, Nachbar Flint mit Ochsenfleisch und Ihr, Nachbar Bill, mit Käse und Butter."

Der alte Mann stieß seinen Bambusstock zornig in den nassen Boden.

„Es ist eine Sünde," sagte Nachbar Flint.

„Es ist eine Schande," sagte Nachbar Bill.

„Nun mit Eurem Verlaub, Nachbarn," sagte Samuel Squenz, „ich will den Mr. Pitcher nicht loben, obgleich er bei mir arbeiten läßt, denn seinen Vater muß man schließlich ehren und wäre es, Alles in Allem, nur ein erbärmlicher Dutchman gewesen; und mit den Zielverkoopers und Menschenmaklern will ich nun gar nichts zu thun haben und Gott möge es dem Mr. Pitcher verzeihen, wenn er sich wirklich mit einem so gottlosen Gewerb' befaßt; aber so Unrecht kann ich denen doch nicht geben, welche die Einwanderung ein öffentliches Aergerniß und eine Schädigung des Gemeinwohls nennen. Dies Gesindel nimmt uns das Brod vor dem Munde weg, um es in seine hungrigen, ungewaschenen Mäuler zu stopfen, während es zu dumm und zu faul ist, einen Schilling zu verdienen."

„Seht Ihr den Mann da, hart am Rande des Quai, dicht neben Mr. Pitcher?" sagte Mr. Brown.

„Den jungen Farmer?"

„Denselben. Wie gefällt er Euch?"

„Es ist ein stattlicher, junger Mann, obgleich ich den Schnitt seines Rockes nicht loben möchte."

„Nun wohl, dieser junge Mann ist auch ein Deutscher, heißt Lambert Sternberg, wohnt am Canada-Creek und ich habe eben hundert Pfund auf meinem Comptoir in seine Hand gezahlt und ein neues Geschäft über andere hundert Pfund mit ihm abgeschlossen: Theer und Schiffsharz, so er diesen Herbst ultimo Oktober an meinen Correspondenten in Albany für meine Rechnung zu liefern hat."

„Ist es möglich!" sagte Samuel Squenz, „ja, ja, es giebt Ausnahmen!"

„Gar keine Ausnahme," erwiederte Mr. Brown eifrig. „Der Bruder des Lambert Sternberg da ist Pelzjäger und steht mit meinem Nachbar Squirrel, dem Kürschner, schon seit sechs Jahren in geschäftlicher Verbindung, die für beide Theile vortheilhaft ist, und so wohnen am Canada-Creek und am Mohawk und am Schoharie als Farmer, Waldbauern und Trapper Dutzende, ja Hunderte von tüchtigen Leuten, die so reines, deutsches Blut in den Adern haben, wie Ihr und ich englisches, und die sich dort zu Wohlstand heraufgearbeitet, und denen es noch besser gehen würde, wenn ihnen die Regierung, anstatt sie auf jede Weise zu schützen und zu fördern, nicht noch Hindernisse aller Art in den Weg legte. Jetzt hat der junge Mann da die weite Strecke her nach New-York kommen müssen, für sich und seine Nachbarn ein Recht auf die Tannen, so auf seinem

Grund und Boden wachsen, zu erstreiten, ein Recht, das klar war wie die Sonne; und doch mag Gott wissen, was daraus geworden wäre, hätte ich mich nicht in's Mittel gelegt und dem Gouverneur bewiesen, daß man ein Land, welches man einmal den Indianern und sodann der Regierung abgekauft, nicht von dem ersten besten Schwindler, der sich dazwischendrängt und einen fingirten Besitztitel geltend macht, zum dritten Mal zu kaufen brauche."

Mr. Brown hatte sich in großen Eifer gesprochen und der größte Theil seiner Zuhörer, deren Augen zwischen dem Sprecher und dem jungen Landmann am Rande des Quai hin- und herwanderten, schien überzeugt; nur Samuel Squenz, der Schneider, wollte sich nicht zufrieden geben und schrie mit seiner quäkenden Stimme:

„Was beweist Ihr damit, Mr. Brown, als daß diese Schelme uns noch das Land wegschlucken, auf das wir und unsere Kinder und Kindeskinder einzig und allein Anspruch haben? Und da soll Einer nicht von Schädigung des Gemeinwohls sprechen! ich möchte wissen, wie man das anders nennen soll!"

„Eine Kräftigung," rief Mr. Brown, „eine Kräftigung und Festigung des Gemeinwohls, das wäre das rechte Wort. Oder ist es nicht ein Segen für uns Alle, daß da draußen an der äußersten Grenze diese armen Deutschen sich angesiedelt haben und, will es Gott, weiter ansiedeln werden, die in beständigem Kampf mit unsern Erbfeinden, den Franzosen, liegen und denen wir es zu danken haben, daß Ihr und ich und wir Alle hier

in New-York ruhig unsern Geschäften nachgehen können?
Als Capitän Belletre im vergangenen Herbst mit seinen
schuftigen Franzosen und Indianern in's Mohawk-Thal
einfiel, wer hat da verhindert, daß er nicht bis Albany
und Gott weiß wie weit vordrang? Wir nicht, denn
wir haben uns vor zwei Jahren Fort Oswego nehmen
lassen; und General Abercrombie, der in Albany com=
mandirt, hatte bis zum Oktober, wo Belletre kam, nichts,
aber auch gar nichts für die bedrohten Punkte gethan.
Wer hat es verhindert, frage ich? Die Deutschen, die
sich, unter Anführung ihres wackern Hauptmanns Niko=
laus Herckheimer, gewehrt haben, so gut sie konnten, und
trotzdem vierzig Todte gehabt haben und hundert und
zwei, die in Gefangenschaft geschleppt sind, von den
50,000 Dollars Schaden, welchen die Diebe und Mord=
brenner außerdem angerichtet, gar nicht zu sprechen.
Das ist eine Schädigung des Gemeinwohls, Mr. Squenz,
über die Ihr gelegentlich einmal nachdenken könnt, Mr.
Squenz, und damit Gott befohlen!"

Der cholerische alte Herr hatte sich so in Zorn ge=
sprochen, daß er trotz des Regens nicht nur den Hut,
sondern auch die Perrücke abnahm und sich den kahlen
Schädel mit dem Tuche wischen mußte, wie er jetzt von
der Gruppe weg nach dem jungen deutschen Landmann
trippelte, der noch immer auf derselben Stelle am Quai
stand und nach dem Schiff schaute. Jetzt, als der alte
Herr zu ihm trat und ihm auf die Schulter klopfte,
wandte er sich um mit dem Ausdrucke Jemandes, der
jäh aus einem Traum erweckt wird. Aber es konnte
kein freundlicher Traum gewesen sein. Auf dem schönen

braunen Gesicht lag ein Zug tiefer Trauer und tief traurig blickten die großen blauen, guten deutschen Augen.

„Ach, Mr. Brown," sagte der junge Mann, „ich glaubte, Ihr wäret längst nach Hause gegangen."

„Während ich zehn Schritte hinter Euch stehe, und mir um Euretthalben die Lunge ausspreche. Aber so seid Ihr Deutschen! Dreinschlagen, wenn es zum Aergsten kommt, das könnt Ihr; aber für Euch reden, Eure Rechte geltend machen gegenüber den Tröpfen, die Euch über die Achsel ansehen, und die Achsel über Euch zucken, — das könnt Ihr nicht, das überlaßt Ihr Anderen."

„Was hat es denn gegeben, Mr. Brown?" fragte der junge Mann.

„Was es gegeben hat! Die alte Geschichte: ich bin wieder einmal für Euch Schlafmützen in's Feuer gegangen, ich alter Narr. Denkt Euch — aber ich habe mich für heute Morgen gerade genug geärgert, um heute Abend mit Sicherheit auf einen Kolikanfall rechnen zu können. Und dies Wetter dazu; der Teufel hole das Wetter und die Deutschen! Kommt, Mr. Lambert! kommt!"

Und der alte Herr trippelte ungeduldig von einem Fuß auf den anderen.

„Ich möchte gern noch etwas bleiben," sagte Lambert zögernd.

„Ihr habt gar keine Zeit zu verlieren, wenn Ihr mit dem Albany-Boot fort wollt; es geht um drei Uhr. Und Euer Pferd wolltet Ihr auch noch beschlagen lassen."

Lamberts Augen wandten sich von dem Schiffe, das jetzt ganz nah an den Quai herangekommen war, zu seinem Geschäftsfreund, und von diesem wieder nach dem Schiff.

„Wenn Ihr erlaubt," sagte er.

„Macht, was Ihr wollt," rief der alte Herr, „seht Euch Eure Landsleute an und verderbt Euch den Appetit zum Mittage. Oder kauft Euch einen jungen Bengel, der Euch die Haare vom Kopfe frißt, oder eine hübsche Dirne, die zu Hause nicht gut thun wollte, und natürlich für Euch gut genug ist, oder lieber gleich zwei, damit Euer Bruder Konrad nicht leer ausgeht; thut, was Euch beliebt; aber laßt mich nach Hause. Wir speisen um zwölf, und Mrs. Brown hat es gern, wenn man pünktlich ist; guten Morgen!"

Mr. Brown hielt mit seinem Bambusstock den Hut fest, welchen ihm der Wind zu entführen drohte, und trippelte davon, in dem Augenblick, als ein dumpfer Lärm vom Broadway her das Zurückkommen der Auswanderer verkündete.

Zweites Capitel.

In die verregneten, mißmuthigen Gruppen auf dem Quai kam neues Leben. Man stellte sich auf die Fußspitzen, und blickte eifrig nach der Ecke des Broadway, wo der Zug eben sichtbar wurde; Viele liefen ihm auch entgegen, Andere wieder drängten nach der Stelle, wo das Schiff anlegen sollte, und von welcher es jetzt nur noch so weit entfernt war, daß man bereits die Seile hinüberwarf. Lambert, der noch immer am äußersten Rande stand, sah sich von einer dichten Menge umgeben und auf seinem Platze festgehalten, welchen er nun gern einem Andern geräumt hätte, dessen Auge und Herz besser gegen den Anblick äußersten menschlichen Elends gewaffnet war.

Und das Verdeck des Schiffes, welches er jetzt unmittelbar vor sich und unter sich erblickte, war die Stätte solches Elends. Schon von Weitem hatte das wüste Durcheinander von Waarenballen, Fässern, Koffern, Kisten, Körben, die zu Bergen aufgethürmt waren, und zwischen denen die Gestalten von Frauen und Kindern herumirrten, ihn mit traurigen Empfindungen erfüllt. Aber sein Herz zog sich zusammen und der Athem stockte ihm in der Brust, als deutlicher und deutlicher, und jetzt aus nächster Nähe Schreien und Keifen, Weinen und Wimmern der Unglückseligen an sein Ohr schlug; als sein Blick von einer Jammergestalt zur anderen schweifte, und überall, überall auf todesbleiche, von Hunger und Krankheit entstellte Gesichter traf, aus deren tiefgesunkenen Augen dumpfe Verzweiflung oder wahnsinnige Angst ihn fürchterlich anstierten. Wie sie da in Gruppen standen, regungslos, als hätten sie jede Kraft, jeden Trieb zu selbstthätigem Handeln eingebüßt, die Köpfe vorgestreckt, furchtsamen Schafen gleich, die der Metzgerhund bis an die Thür des Schlachthauses gehetzt hat! wie sie dort sich hasteten und eilten und zwischen den Kisten und Kasten kramten und gierig ihre ärmliche Habe zusammenrafften! und auf einer anderen Stelle wieder in wüstem Zank und Streit sich die Bündel wegrissen und einander mit den Knochenhänden bedräuten, bis der Super=Cargo dazwischenfuhr und sie mit Scheltworten und Stößen und Schlägen auseinandertrieb! Lambert konnte das Entsetz= liche nicht länger ertragen; er drängte zurück, die ihn jetzt wie eine Mauer umgebende Menge zu durchbrechen, als ein letzter Blick, den er, widerwillig nur, über das Verdeck schweifen ließ, auf eine Gestalt traf, die ihm bisher entgangen war, und er, wie vom Blitz getroffen, stehen blieb.

Unmittelbar vor ihm lehnte an einem hochgethürm= ten Haufen Waarenballen ein junges, großes, schlankes Mädchen. Sie hatte den rechten Arm gegen den Ballen und den Kopf auf die Hand gestützt, der andere Arm hing schlaff herab. Ihr Gesicht, das er nur von der einen Seite sehen konnte, war so mager und so bleich, daß die lange, schwarze Wimper des gesenkten Auges sich seltsam scharf darauf abzeichnete. Das glänzend dunkle Haar war in zierlichen Flechten vielmals um den Kopf gewun= den, und der Anzug, obgleich ärmlich und fadenscheinig genug, war geschmackvoller und weniger bäuerisch, als die Kleidung der übrigen Frauen, von denen sie sich durch den Ausdruck ihres Gesichts ganz und gar unterschied. Lambert konnte keinen Blick von diesem Gesichte wenden, als ob ein mächtiger Zauber ihn gefangen hielte. Er hatte etwas so Schönes nie gesehen, nie geglaubt, daß etwas so Schönes je könne gefunden werden. Athemlos fast, ohne zu wissen, was er that, ja vergessend, wo er war, starrte er die Fremde an wie eine überirdische Er= scheinung, bis sie mit traurigem Kopfschütteln den aufge= stützten Arm ebenfalls sinken ließ, und, sich langsam um

die Waarenballen, an welchen sie gelehnt hatte, herum=
bewegend, seinen Blicken entschwand.

In demselben Augenblicke ertönte lautes Geschrei
und Getrommel hinter ihm auf dem Platze, und Gejohle
und Gepfeife. Die Menge drängte und stieß vorwärts,
und wurde wieder zurückgedrängt und gestoßen, denn die
Constabler, welche den Zug der Auswanderer begleiteten,
hatten schon auf dem ganzen Wege durch die Stadt ihre
Noth mit dem Pöbel gehabt, und mußten jetzt, wo sie,
bei dem Uebergang auf das Schiff, die auf dem Quai
dicht zusammenstehende Menge passiren mußten, ihre
ganze Autorität aufbieten und ihre Stäbe rücksichtsloser
schwingen. So kam es, daß Lambert über die lebendige
Mauer vor ihm nur hier und da ein bleiches, verhärm=
tes Gesicht der armen Auswanderer erblickte, bis sie das
schmale Laufbrett passirt hatten, und das Verdeck des
Schiffes betraten. Hier nun begannen die Zurückgekom=
menen alsbald nach ihren Frauen und Kindern zu suchen
und zu rufen, die ihrerseits die mühsam eroberte Habe
nicht wieder fahren lassen, und doch auch so schnell als
möglich zu den Männern gelangen wollten. Ein gräu=
licher Wirrwarr entstand, der durch die Schiffsleute,
welche rücksichtslos in die Menge hineinfuhren, und mit
Schlägen und Stößen sich Platz schafften, noch vermehrt
wurde, und seinen höchsten Grad erreichte, als jetzt die auf
dem Quai, den dicken Mr. Pitcher voran, in dichten Hau=
fen sich hinterher drängten, und jenen, welche mit ihren
Bündeln und Packen vom Schiffe wollten, den Weg ver=
sperrten. Die Männer schrieen, die Weiber heulten, die
Kinder wimmerten dazwischen, der Capitän und die Ma=

trosen wetterten und fluchten, die Constabler schwangen
ihre Stäbe — es war ein entsetzliches Chaos, in welchem
Lamberts angstvolle Blicke nur immer nach dem armen
Mädchen spähten, das so einsam und verlassen und so
still und geduldig in den Lärm, der sie umbrauste, ge=
schaut. Und jetzt, da er ihre Gestalt — diesmal an dem
äußersten vorderen Ende des Verdeckes — wieder auf=
tauchen sah, hielt es ihn nicht länger. Ohne sich weiter
zu besinnen, schwang er sich von dem Rand des Quais
mit einem mächtigen Sprunge an Bord des Schiffes, und
arbeitete sich mühsam nach der Stelle hin, wo er sie zu=
letzt erblickt hatte. Er wußte nicht, wozu er das Alles
that; er hatte keine Ahnung davon, was er dem Mädchen
sagen wollte, wenn er bis zu ihr gelangte; — es war,
als ob er von unsichtbaren Händen gezogen würde, denen
zu widerstehen ganz unmöglich gewesen wäre, und deren
Führung er sich daher willig überließ.

Endlich, nachdem er sie wiederholt aus den Augen
verloren, und zuletzt schon gefürchtet hatte, er werde sie
nicht wiederfinden, kam er plötzlich in ihre unmittelbare
Nähe. Sie kniete auf dem Verdeck vor ein paar Kin=
dern, — einem Knaben und einem Mädchen von sechs
bis acht Jahren, — denen sie die schlechten, fadenscheini=
gen Kleider ordnete, und sprach zu einer Frau, die mit
einem ganz kleinen Kinde auf dem Arm daneben stand
und fortwährend keifte, bis der Mann herantrat und die
größeren Kinder unter Schelten und Fluchen mit sich
fortriß. Die Frau folgte ihm, ohne nur einen Blick
oder ein Wort des Dankes für die Zurückbleibende zu
haben. Die richtete sich langsam in die Höhe, und blickte

traurig den Davoneilenden nach, dann lief sie hinter ihnen her, band dem kleinsten Kinde ein Tüchelchen, das sie eben selbst noch getragen, um den Hals, und schritt langsam nach der Stelle zurück, wo sie von der Familie Abschied genommen. Ihre Miene war noch trauriger, als zuvor; Thränen liefen ihr über die bleichen Wangen.

„Kann ich Dir irgend helfen, Jungfer?" fragte Lambert.

Das Mädchen hob die dunklen Wimpern, und blickte mit großen, braunen Augen dem jungen Mann prüfend in das gute, ehrliche Gesicht.

„Mir kann Niemand helfen," sagte sie.

„Hast Du keine Eltern, keine Verwandten, keine Freunde?" fragte Lambert; er wußte nicht, wie er den Muth zu der Frage fand.

„Ich habe Niemand, Niemand," erwiederte das Mädchen, und wandte sich ein wenig ab, um die Thränen nicht sehen zu lassen, die ihr jetzt in Strömen aus den Augen stürzten.

Auch Lamberts Augen wurden feucht; der Kummer der Aermsten preßte ihm das Herz ab.

„So darfst Du auch wohl das Schiff nicht verlassen?" fragte er weiter, und als die Unglückliche, ohne zu antworten, noch heftiger weinte: „Halte mich nicht für zudringlich, gutes Mädchen; aber ich sah Dich schon vorhin so verlassen dastehen, das dauerte mich; und nun sagst Du selbst, daß Du hier allein bist, wo es gewiß nicht gut ist, allein zu sein, und daß Du Niemand hast, Dir zu helfen, und daß Dir Niemand helfen könne. Vielleicht kann ich es doch, wenn Du Vertrauen zu mir fassen wolltest; ich würde gewiß thun, was ich vermöchte."

Das Mädchen hatte, während der junge Mann also sprach, leiser und leiser geweint. Jetzt wandte sie ihm das bleiche Gesicht wieder zu und sagte:

„Ich danke Dir, guter Mann; danke Dir von ganzem Herzen, und der liebe Gott wird Dich für das Mitleid segnen, welches Du mit einem armen, hilflosen Geschöpfe gehabt hast. Aber helfen, ach, das kannst Du wohl nicht. Wer könnte mir helfen! mir von diesem Schiffe helfen!"

Ihr Gesicht nahm einen seltsamen Ausdruck an; sie blickte mit starren Augen über die Brüstung in das Wasser, das an dem Schiffsbuge auf und nieder schwankte. „Für mich giebt es nur einen Ausweg," murmelte sie.

In diesem Momente drängte sich ein Mann fluchend durch die Menge, die ihm nach allen Seiten Platz machte. Es war ein untersetzter, breitschulteriger Gesell mit einer fuchsigen Perrücke und einem brutalen Gesicht, aus dem ein paar kleiner, grüner Augen giftig glitzerten. Er trug eine Art von Schiffsuniform, und zog hinter sich her einen stämmigen Pachter, der halb widerwillig zu folgen schien, und mit dumm glotzenden Augen das Mädchen anstierte, während der in der Uniform an sie herantrat, und, die Beine spreizend, in schlechtem Deutsch rief:

„So, Jungfer Katharine Weise! da hätte ich ja gleich Einen aufgegabelt. Es ist der reichste Farmer auf zehn Meilen in der Runde, wie er selber sagt, und braucht ein tüchtiges Mädchen auf seiner Farm. Vierzig hat er mir schon geboten auf meine bloße Empfehlung hin. Das ist freilich kaum die Hälfte; aber vielleicht giebt er nun doch die ganze Summe, nachdem er Euch selbst gesehen und sich überzeugt hat, daß ich nicht gelogen. Was meint Ihr, Mr. Triller? ist es nicht ein Blitzmädel! werdet Ihr nun blechen wollen, Mann? he?"

Und er schlug dem Pachter auf die Schulter und brach in ein höhnisches Gelächter aus.

„Laßt es fünfundvierzig sein, Capitän," sagte der Pachter, „und ich nehme sie, wie sie geht und steht."

„Keinen Schilling unter neunzig," schrie der Capitän; „keinen Schilling und wenn ich sie selber behalten müßte. Na, sie bleibt gern bei mir; nicht wahr, Jungfrau Katharine? Blitzmädel?"

„Rührt sie nicht an, wenn Ihr nicht den Schädel eingeschlagen haben wollt," schrie Lambert.

Der Capitän wich einen Schritt zurück und stierte wüthend auf den jungen Farmer, den er gar nicht beachtet hatte, und der jetzt plötzlich mit funkelnden Augen und geballten Fäusten vor ihm stand.

„Oho," schrie er, „wer seid denn Ihr? Wißt Ihr, daß ich der Capitän van Broom bin? Wißt Ihr, daß ich Euch sofort in's Wasser werfen lasse, Ihr — wie heißt Ihr denn? was wollt Ihr denn?"

Er war noch einen Schritt zurückgewichen und hatte die letzten Worte in einem viel weniger sicheren Tone gesagt. Es schien ihm offenbar nicht gerathen, so ohne Weiteres mit einem Manne anzubinden, aus dessen Mienen die größte Entschlossenheit sprach, und der ihm augenscheinlich an Körperkraft weit überlegen war.

„Mein Name ist Lambert Sternberg, vom Canada

Creek," sagte der junge Mann; "es leben hier in der Stadt New-York angesehene Bürger, die mich wohl kennen, und was ich will, das werde ich Euch sofort sagen, wenn Ihr die Güte haben wolltet, mit mir ein wenig auf die Seite zu treten."

"Wie Ihr wünscht, wie Ihr befehlt," brummte der Capitän; "kommt!"

"Einen Augenblick," sagte Lambert, und er trat an das Mädchen heran, das blaß und am ganzen Leibe zitternd dastand, und sagte leise, so daß nur sie es hören konnte: "Katharine Weise, willst Du mich zu Deinem Beschützer annehmen und mir verstatten, für Dich zu thun, was in solchem Falle ein ehrlicher Mann für ein hilfloses Mädchen thun muß?"

Eine tiefe Röthe stieg in Katharinens bleichem Gesichte auf; ihre dunklen Augen richteten sich auf den Frager mit einem so seltsamen Ausdruck, daß es ihn bis in's tiefste Herz schauderte; sie wollte etwas erwiedern, aber es kam kein Laut über die bebenden Lippen.

"Erwarte mich hier," sagte der junge Mann.

Er wandte sich zu dem Capitän und ging mit demselben das Verdeck hinauf; der vierschrötige Pachter hatte sich auf die Seite gedrückt: er hatte kein Interesse mehr an dem Handel, nachdem er gesehen, daß sich ein anderer Käufer für eine Waare gefunden, die ihm unter allen Umständen zu theuer war.

"Nun, Mr. van Broom," sagte Lambert, der jetzt den Capitän eingeholt hatte; "ich stehe zu Diensten."

"Ich will verdammt sein, wenn ich weiß, was Ihr wollt!" sagte der Capitän.

„Einfach dies: jenes Mädchen dort, das Ihr Katharine Weise nennt, mit mir vom Schiffe nehmen, und das sogleich."

„Oho," sagte der Capitän; „Ihr habt's eilig! Hat sie Euch gesagt, wie viel sie uns schuldig ist?"

„Nein," sagte Lambert; „aber ich habe, däucht mir, die Summe von Euch vorhin gehört."

„Neunzig Pfund! Herr! neunzig Pfund! Das ist keine Kleinigkeit!" schrie der Capitän.

„Ihr werdet hoffentlich beweisen können, daß Euch das Mädchen so viel schuldet, und dann werdet Ihr mich bereit finden."

Der Capitän blickte den jungen Mann mit seinen Schielaugen grimmig von der Seite an — einer Hyäne gleich, der ein Leopard die Beute abjagt. Er hätte sie gern für sich gehabt, die schöne Beute, aber er war ein viel zu guter Geschäftsmann, um eine solche Chance nicht mitzunehmen. Und die Herren van Sluiten und Compagnie in Rotterdam, und Mr. Pitcher, der jetzt vermuthlich schon im Schiffscomptoir mit dem Buchführer rechnete, hatten doch auch ein Wort mitzureden! So sagte er denn, indem er plötzlich aus dem groben Ton in einen widerlich höflichen verfiel:

„Ob ich es beweisen kann? Ei, mein Herr, wofür haltet Ihr den Capitän van Broom? Bei uns geht Alles genau zu; doppelt gebucht, Herr, bei Heller und Pfennig. Wundert Euch, daß die Summe so groß ist? Will es Euch erklären! Das Mädchen ist die Tochter eines Herrn Weise, der vor acht Tagen gestorben und mit allen Ehren über Bord gekommen ist. Der Herr Weise aber war

Prediger in dem Ort, von dem die meisten meiner Passagiere her sind; er hat sich's unterwegs — ich muß es ihm nachsagen — sauer genug werden lassen mit dem schmutzigen Volk, und über seine Kräfte für sie gethan, als sie in Southampton hungerten und froren, und jetzt unterwegs, wo — unter uns — der Proviant zuletzt ein wenig knapp wurde und das Wasser. — Nun, man hat denn doch ein Herz in der Brust, und ich habe dem Herrn Prediger gewillfahrt, wenn er für seine Pfarrkinder zu borgen kam; und so ist es denn geschehen, daß seine Rechnung ein wenig höher gelaufen, als sonst wohl die Regel. Und wenn an dem alten Herrn auch im besten Fall nicht viel zu verdienen war — so blieb doch noch immer das Mädel, für die sich schon ein Käufer finden würde, und so habe ich's riskirt, und ihnen nach und nach hundert Pfund creditirt."

„Ihr sagtet vorhin neunzig."

„Hundert Pfund, bei Gott!" schrie der Capitän, „kommt mit in das Comptoir, da will ich's Euch zeigen schwarz auf weiß. Ihr da, Super=Cargo, paßt mir darauf, daß die diebischen Schufte nichts vom Bord schleppen; und Ihr, Mr. James, geht mir nicht vom Laufbrett weg und behaltet Jean und Jakob bei Euch, und schlaget Jeden zu Boden, der ohne Passirschein vom Schiff will. Wenn Jemand nach mir fragt, muß er einen Augenblick warten: ich habe mit diesem Herrn zu sprechen. Wollt Ihr mir folgen, Mr. Sternberg?"

Der Capitän öffnete die Thür zu einer niedrigen, aber geräumigen Cajüte, welche auf dem Deck selbst angebracht war. Ein schwärzlicher Kerl mit ungeheuren messingenen Ringen in den Ohren saß eifrig schreibend an einem mit dicken Büchern und Papieren aller Art bedeckten Tisch. Neben ihm stand, den großen dreieckigen Hut auf der Perrücke, und die rothen Hängebacken aufblasend, Mr. Pitcher, und schaute dem Schreibenden über die Schulter.

„Ah,“ sagte der Capitän, „da seid Ihr ja auch, Mr. Pitcher! das trifft sich charmant. Da können wir die Sache gleich vollständig in's Reine bringen. Dies ist Mr. Charles Pitcher, unser Generalagent für New-York; dies —“

„Habe, glaube ich, bereits die Ehre,“ sagte Mr. Pitcher, seinen Hut lüftend; „seid Ihr nicht Mr. Sternberg vom Canada-Creek, den ich vor zwei Jahren in Albany traf? Habt doch das Geschäft mit Mr. Brown gemacht? sah Euch vorhin mit ihm auf dem Broadway: nun, andere Leute wollen auch leben. Nicht für ungut, Mr. Sternberg; nicht für ungut! Setzt Euch! Was führt Euch diesmal zu uns, Mr. Sternberg?“

„Es ist wegen der Katharine Weise,“ sagte der Capitän, in dessen Augen der einfache Landmann, mit dem selbst der reiche Mr. Pitcher Geschäfte zu machen wünschte, ein ganz anderes Ansehen gewann. „Ich habe Euch gestern von ihr berichtet, Mr. Pitcher.“

Zwischen Mr. Pitcher und dem Capitän fand nun ein kurzes aber eifriges Zwiegespräch statt, von welchem Lambert, da es auf holländisch geführt wurde, nichts verstand. Man mußte indessen wohl darüber einig geworden sein, das Mädchen freizugeben, denn der häßliche Kerl am Pult hatte bereits ein dickes Buch aufgeschlagen und sagte: „Katharine Weise, Folio 470 bis 475, beginnt am 6. September vorigen Jahres zu Rotterdam, läuft bis heute den 15. April 1758, Hafen von New=York, Summa 89 Pfund 10 Schilling. —"

„Neun und neunzig Pfund!" verbesserte Capitän van Broom.

„Neun und neunzig Pfund," wiederholte der mit den Ohrringen; „es müßte denn sein, daß der Herr auch noch gleich den Mieths=Contract von uns ausfertigen lassen will, zu dem hernach nur die gerichtlich bestätigten Unterschriften nöthig sind. Wir berechnen dafür ein Pfund. Hier ist das Schema. Der Herr wolle nur die Güte haben, mir seine Angaben in die Feder zu dictiren."

Und der schwärzliche Kerl ergriff einen Pergamentbogen und las mit bleiern geschäftsmäßiger Stimme:

„In nomine Dei. Zwischen Herrn Lambert Sternberg vom Canada=Creek und Johanna Katharina Weise aus Zellerfeld, Kurfürstenthum Hannover, 20 Jahr alt, ledigen Standes, ist nachfolgender Dienstcontract auf, — sagen wir sechs Jahre, Mr. Sternberg? — sechs ist die gewöhnliche Zahl — sechs auf einander folgende Jahre verabredet und unter heutigem Dato, unter folgenden Bedingungen, von beiden Seiten abgeschlossen worden."

„Pro primo: Johanna Katharina Weise, gebürtig ꝛc., vermiethet sich als Magd auf dem Lande, freiwillig und wohlbedächtlich bei Herrn Lambert Sternberg, und verpflichtet sich, mit demselben oder auf dessen Anweisung nach dem West=Canada=Creek, in der Provinz New=York, zu reisen, und dort von dem Tage an, wenn sie in be=

sagtem District angelangt sein wird, auf sechs nacheinanderfolgende Jahre, alle ihr anzuweisende Magddienste treu und rechtschaffen zu leisten, und auch binnen dieser sechs Jahre unter keinem Vorwande den Dienst loszukündigen, noch weniger ohne Bewilligung des Herrn Lambert Sternberg aus dem Dienst zu treten. Dagegen pro secundo: verspricht Herr Lambert Sternberg —"

„Es ist genug," sagte Lambert.

„Wie?" sagte der mit den Ohrringen.

„Es ist genug;" wiederholte Lambert; „ich möchte denn doch die Bedingungen erst mit dem Mädchen verabreden."

„Mein lieber Herr, wozu die Umstände!" rief Mr. Pitcher in wohlwollendem Beschützerton; „wenn man neun und neunzig Pfund bezahlt, kann man die Bedingungen dictiren."

„Mag sein," erwiederte Lambert; „ich glaube aber das Recht zu haben, nach meiner Weise zu handeln."

„Wie Ihr wollt, ganz, wie Ihr wollt," sagte Mr. Pitcher; „wir drängen uns Niemand auf. Ihr wünscht also —"

„Einfach über die Rechnung der Katharine Weise zu quittiren."

„Wie Ihr wollt?" sagte Mr. Pitcher.

Während der mit den Ohrringen die Quittung ausschrieb und Lambert das Geld — es war dasselbe, welches er vor einer Stunde von Mr. Brown empfangen — auf den Tisch zählte, zogen hinter seinem Rücken Mr. Pitcher und der Capitän höhnische Fratzen über den Gimpel, der so leicht auf die Leimruthe ging, und sich nicht einmal die famose Rechnung ansah, über die er quittirte.

„So," sagte Mr. Pitcher, „das wäre abgemacht; und nun wollen wir —"

„Auf glückliche Reise des Herrn trinken," sagte der Capitän, nach einer Rumflasche langend, welche auf einem Regal in der Nähe stand.

„Und auf et cetera, et cetera," rief Mr. Pitcher.

„Guten Morgen, Ihr Herren," sagte Lambert, die Quittung, den halb ausgefertigten Contract und Katharinens Passirschein zusammenraffend, und aus der Cajüte stürzend, als ob der Boden unter ihm brenne. Ein brutales Gelächter schallte hinter ihm her. Er stand einen Moment still. Seine Wangen glühten, sein Herz pochte ungestüm gegen die Rippen; es zuckte ihm in allen Fibern, umzukehren und den wüsten Schurken ihr Lachen einzutränken; aber er dachte an das arme Mädchen, und daß sie Schlimmeres erduldet und daß er nichts Besseres für sie thun könne, als sie sobald als möglich aus dieser Hölle erlösen.

Das Verdeck hatte sich jetzt etwas gelichtet; die Glücklichen, welche das dicke Buch in den Händen des Mannes mit den Ohrringen nicht zu fürchten brauchten, hatten das Schiff bereits verlassen; die, welche nothgedrungen bleiben mußten, saßen und standen in Gruppen umher, stumpfe Gleichgültigkeit oder Verzweiflung in den blassen Mienen; und zwischendurch bewegten sich neugierige Gaffer und die Andern, welche gekommen und auch sehr gewillt waren, Contracte der Art abzuschließen, von welcher Lambert ein zerknittertes Exemplar in der Rocktasche trug. Der dicke Farmer, welcher vorhin auf Katharine geboten, sprach jetzt mit einem andern Mädchen, das ihre Lumpen mit ein paar rothen Bändern aufgeputzt hatte, und über das gebrochene Deutsch und die Scherze des Mannes herzlich lachte. Sie schienen bereits Handels einig zu sein.

Lambert eilte so schnell er konnte nach dem vorderen Verdeck, wo er bereits Katharinens Gestalt noch auf derselben Stelle erblickt hatte. Aber da er in ihre Nähe gekommen war, stockte sein Schritt; es wollte ihn bedünken, als ob noch nichts geschehen, als ob noch Alles zu thun sei. Und jetzt wandte sie sich um, und erblickte ihn. Ein melancholisches Lächeln flog über ihre Züge.

„Nicht wahr, es kann mir Niemand helfen," sagte sie.

„Hier ist Deine Quittung und hier Dein Passirschein," sagte Lambert.

Seine starken, braunen Hände zitterten, während er ihr die beiden Papiere gab, und ihre magern, weißen Hände zitterten, indem sie dieselben zögernd nahm. Ein brennendes Roth flog über ihr Gesicht.

„Das hättest Du für mich gethan?" sagte sie.

Lambert erwiederte nichts; er war auch nicht im Stande, das Mädchen anzusehen, und war tief erschrocken, als sie sich plötzlich beugte, seine Hände ergriff und gegen ihr weinendes Gesicht und an ihre Lippen drückte.

„Gutes Mädchen, gutes Mädchen," stammelte Lambert, „was thust Du? Weine nicht, ich habe es gern gethan; ich bin glücklich, daß ich Dir diesen Dienst habe leisten können; ich würde gern dasselbe für alle die anbern Unglücklichen hier thun, wenn ich es könnte. Aber nun laß uns fort; ich habe nur noch wenige Stunden, dann muß ich die Heimreise antreten und ich möchte Dich gern vorher in Sicherheit wissen. Kennst Du irgend Jemand in der Stadt oder der Umgegend, zu dem ich Dich bringen soll?"

Katharine schüttelte den Kopf.

„Oder hast Du auch keine Freunde unter den Angekommenen, die Dich vielleicht nur erwarten, um in Gemeinschaft mit Dir weiter zu ziehen?"

„Ich habe Niemand, Niemand," sagte das Mädchen; „es denkt eben jeder nur an sich, Du siehst es; ach, und es hat ja auch Jeder genug mit sich zu thun."

Lambert stand rathlos da; er dachte flüchtig an seinen alten Geschäftsfreund, Mr. Brown; aber Mrs. Brown war keine gute Frau, die ihres Gatten Vorliebe für die Deutschen sehr lächerlich fand, und es war nicht wohl anzunehmen, daß sie die Fremde willkommen heißen würde, und sonst kannte er kein Haus in der Stadt, außer der Herberge, in welcher er sein Pferd eingestellt, und wo außer dem Ale nichts gut war, am wenigsten die Gesellschaft, die dort verkehrte. Er blickte Katharinen an, als ob ihm von ihr ein Rath kommen müsse; aber auch ihre Augen hatten einen ängstlich gespannten Ausdruck.

„Du willst mich anderen Leuten übergeben?" sagte sie.

„Wie meinst Du?" fragte Lambert.

„Guter Mann," sagte Katharine, „Du hast schon so viel für mich gethan und scheust Dich nun, zu sagen, daß Du nicht mehr thun kannst. Ich werde lange, lange

brauchen, die ungeheure Schuld abzuverdienen — ich
weiß es wohl, aber Dir und Deinen Eltern wollte ich die=
nen mein Leben lang, und mein Leben für Euch lassen.
Nun willst Du mich zu Andern bringen. Sag' es frei
heraus; ich will mich gerne auf so viele Jahre binden,
wie sie verlangen, und Deiner Empfehlung Ehre machen."

Sie lächelte wehmüthig und ergriff ein kleines Bündel,
welches neben ihr lag.

„Ich bin bereit," sagte sie.

„Katharine!" sagte Lambert.

Sie blickte fragend zu ihm auf.

„Katharine," sagte er noch einmal, und seine Brust
hob und senkte sich, obgleich er alle Kraft aufbot, ruhig
zu sprechen: „ich wohne weit, sehr weit von hier, wohl
zwanzig Tagereisen, an der äußersten Grenze, der letzte
aller Ansiedler in einer unwirthlichen Gegend, die dem
Angriffe unserer Feinde offen steht, und noch im ver=
gangenen Jahre grausam heimgesucht ist, aber wenn Du
mit mir ziehen willst —"

Ein freudiges Erschrecken flog über Katharinens
blasses Gesicht.

„Wie magst Du fragen?" sagte sie leise.

„Wohl mag ich fragen," erwiederte Lambert, „und
wohl muß ich fragen. Steht es doch bei Dir. Dein
Schuldschein ist in Deiner Hand, und nimmer würde ich
ihn wieder in meine Hand nehmen. Du bist frei wie
ich, zu kommen und zu gehen. Und so, Katharine Weise,
frage ich Dich noch einmal: willst Du, als ein freies
Mädchen, mit mir gehen in meine Heimath, wenn ich
Dir verspreche auf Manneswort, daß ich für Dich sor=

gen und Dich beschützen und beschirmen will, wie ein Bruder seine Schwester?"

„Ich will mit Dir gehen, Lambert Sternberg," sagte Katharine.

Sie legte ihre Hand tiefaufathmend in seine dargebotene Rechte.

Dann schritten sie über das Verdeck. Katharine winkte diesem und jenem der Zurückbleibenden weinend zu; sprechen konnte sie nicht, ihr Herz war zu voll zum Sprechen. Und Niemand erwiederte ihren stummen Scheidegruß als mit stummen, öden, hoffnungsleeren Blicken, die dem Mädchen durch die Seele schnitten. Sie hatte auf der langen, entsetzlichen Reise aus der Heimath bis hierher gethan nach ihrer Kraft und über ihre Kraft, das grenzenlose Elend zu mildern, wo sie konnte. Nun konnte sie nichts mehr, nichts, als die Aermsten ihrem Schicksal überlassen. Ach! und welches Schicksal würde derer harren, die hier an den fremden Strand geschleudert waren, wie die zusammenhanglosen Trümmer eines Wracks, mit denen die Wellen ihr grausames Spiel treiben! Thränen des Jammers verdunkelten ihre Augen; die Sinne wollten ihr vergehen. Sie wußte nicht, wie sie aus dem Schiff gekommen, als sie plötzlich das feste Land unter ihren Füßen fühlte, und ihr Begleiter, der sie noch immer an der Hand hielt, sagte: „Gott sei gelobt!"

Katharine sagte nichts; aber in ihrem tiefbewegten Herzen hallte es wieder: Gott sei gelobt!

Drittes Capitel.

Die scheidende Sonne, die über dem canadischen Wäldermeer hing, strahlte den Reisenden purpurn entgegen. Sie waren eben aus dem Walde herausgetreten, den sie den ganzen Tag auf einsamem schmalen Indianerpfade durchzogen hatten. Zu ihren Füßen lag, den Windungen des Baches folgend, von rosigem Abendduft erfüllt, das Thal. Lambert hielt den starkknochigen Gaul, den er am Zügel führte, an und sagte zu seiner Begleiterin, thalaufwärts zeigend:

„Das ist der Canada-Creek und das ist unser Haus."

„Wo?" sagte Katharine.

Im Sattel vornüber gebeugt und die Augen mit der Hand gegen die Sonne schützend, spähte sie eifrig in der Richtung, welche der junge Mann bezeichnet hatte.

„Dort," sagte er, „nach Norden, wo der Bach eben aufblinkt. Siehst Du es?"

„Jetzt," sagte Katharine.

In diesem Momente schnob das Pferd mit weitgeöffneten Nüstern in das Waldkraut und prallte dann heftig seitwärts. Die ungeübte Reiterin verlor das Gleichgewicht und wäre herabgestürzt, wenn ihr Begleiter, schnell hinzuspringend, sie nicht im Fallen aufgefangen hätte.

„Es ist nichts," sagte er, indem er sie aus seinen Armen auf den Boden gleiten ließ, „alter Hans thust ja, als ob du noch nie eine Schlange gesehen hättest; schämst du dich nicht; so, ruhig, so!"

Er klopfte dem erschrockenen Thiere auf den kurzen dicken Hals, streifte ihm den Zügel ab und befestigte denselben an einen Baumast.

„Du bist wohl sehr erschrocken?" sagte er.

Seine Stimme zitterte, und seine Hände zitterten während er an dem Reitkissen, das sich verschoben hatte, schnallte.

„Ach nein!" sagte Katharine.

Sie hatte sich auf eine Baumwurzel gesetzt und blickte wieder in das Thal hinab, wo jetzt auf den üppigen Wiesen, die den Lauf des Wassers begleiteten, leichte, blaue Nebel zu ziehen begannen. Schwimmend in ihrem Glanz tauchte die Sonnenscheibe drüben in das smaragdne Wäldermeer, und die goldenen Flammen auf den Stämmen und Aesten und in den Gipfeln der Riesenbäume, unter denen sie standen, verloschen allmälig. Hoch blickte der grünlich blaue wolkenlose Abendhimmel herein, an dem eben eine Schaar wilder Schwäne das Thal hinauf nach Norden zog. Von Zeit zu Zeit ertönte, durch die Entfernung melodisch gedämpft, ihr eigenthümlich klagender Ruf; sonst tiefe lautlose Urwalds-Stille rings umher.

Der junge Mann stand an den Bug des Pferdes gelehnt. Auf seinem braunen Gesicht lag ein tiefer schwermüthiger Ernst; ja manchmal flog ein Schatten von Unruhe und Angst drüber hin, der zu dem Ausdruck der schlichten, männlich schönen Züge und zu dem Lichte, das aus den großen, blauen Augen leuchtete, gar nicht passen wollte. Er schaute bald nach den Schwänen, die jetzt wie Silbersterne am äußersten rosigen Horizont erglänzten, bald auf das Mädchen, das noch immer halb abgewandt von ihm dasaß. Endlich holte er ein paar Mal tief Athem und trat an sie heran.

„Katharine," sagte er.

Sie hob das schöne Antlitz; die großen braunen Augen waren mit Thränen gefüllt.

„Es ist Dir leid, daß Du mit mir gezogen bist?" sagte der junge Mann.

Katharine schüttelte mit dem Kopfe.

„Nein," erwiederte sie; „wie undankbar müßte ich da sein."

„Und doch weinst Du!"

„Ich weine nicht," sagte Katharine, indem sie sich mit der Hand über die Augen fuhr und zu lächeln versuchte; ich dachte nur eben daran, wie mein Vater glücklich gewesen sein würde, hätte er als Ziel seiner Wanderschaft diesen stillen Platz gefunden. Ach, gerade so hatte er es sich gewünscht, geträumt. Doch, es hat nicht sein sollen. Wie werden sich Deine Eltern freuen, Dich wieder zu sehen."

Sie wollte sich schnell erheben; Lambert berührte ihre Schulter.

„Bleib noch einen Augenblick, Katharine," sagte er, „ich habe — ich muß Dich etwas fragen."

Die Unruhe, die sich schon vorher auf seinem Gesicht gezeigt hatte, war noch größer geworden. Seine Brauen waren gespannt; seine Augen hatten einen starren, zornigen Ausdruck. Katharine blickte verwundert zu ihm auf.

„Wenn meine Eltern nun gestorben wären während

dieser Zeit, Katharine; und wir Beide, Du und ich, müßten allein hausen da unten."

„So mußt Du nicht sprechen, Lambert Sternberg," sagte Katharine; „man soll Gott vertrauen. Sie werden leben und gesund sein, sie und Dein Bruder. Weshalb verlieren wir die Zeit? Laß uns aufbrechen, der Abend sinkt herein, und ich habe mich vollkommen ausgeruht."

Lambert wollte etwas erwiedern, aber die Worte kamen nicht über die Lippen: er starrte wie in Verzweiflung vor sich und wandte sich endlich nach dem Pferde, dem er mit einer gewissen Heftigkeit das Gebiß zwischen die Zähne schob. Dann warf er die Büchse, die er seitwärts an einen Baumstamm gelehnt, über die Schulter, und begann, das Pferd am Zügel führend, den Felsenhang hinabzusteigen. Schweigend folgte Katharine, vorsichtig nach den Stellen spähend, wo sie mit Sicherheit den Fuß aufsetzen konnte, und manchmal nur einen Blick auf den Gefährten werfend. Der Pfad war sehr steil und das Pferd kam manchmal in's Rutschen; Lambert hatte gewiß seine Kraft und Aufmerksamkeit nöthig, und es war erklärlich genug, daß er sich nicht einmal nach seiner Begleiterin umsah, nicht einmal fragte, ob sie gut vorwärts komme. Dennoch klopfte Katharine das Herz; es war, als ob die Unruhe, die geheime Angst, die aus den Worten und Blicken Lamberts gesprochen, auch sie ergriffen hätte und sie wiederholte mehrmal für sich: wenn sie nun gestorben wären, wenn Alle gestorben wären, und wir Beide, er und ich, müßten allein hausen da unten!

Sie waren in dem Thale angekommen. Hier längst

das Baches der in manchen Windungen zwischen seinen Wiesenufern sanft dahinglitt, lief ein besser gehaltener, wenn auch nur schmaler Weg. Das Pferd spitzte die Ohren und wieherte und schritt rascher dahin; Lambert mußte es fest am Zügel halten: Katharine ging ein wenig seitwärts. Es machte dem schlanken rüstigen Mädchen keine Mühe, mitzukommen, aber ihr Athem flog; das Schweigen, welches Lambert noch immer nicht gebrochen hatte, bedrückte sie mehr und mehr. Sie war daran so wenig gewöhnt, im Gegentheil: er hatte — das merkte sie jetzt erst — sie so sehr verwöhnt während der wochenlangen Reise, hatte immer so lieb und gut mit ihr geplaudert; nur über seine näheren Verhältnisse war er sehr schweigsam gewesen; hatte nie von den Seinen gesprochen: ja sie würde nicht gewußt haben, daß ihm die Eltern noch lebten, hätte er nicht einmal auf ihre Frage: ob er glaube, daß seine Mutter mit ihr zufrieden sein würde, geantwortet, darüber solle sie sich keine Sorge machen; und hätte er nicht eben jetzt die Befürchtung geäußert, die Eltern nicht mehr am Leben zu finden.

„Der gute Mann," sprach sie bei sich, „er hat der armen Waise nicht das Herz schwer machen wollen, wenn er mir so viel von seinen Eltern erzählte; und nun kann er die Zeit nicht erwarten."

„Katharine," sagte er plötzlich.

„Lambert," erwiederte sie, an seine Seite kommend, froh, daß er endlich das Schweigen brach, und als er wider Erwarten nicht weiter sprach: „Du wolltest sagen?"

„Wir werden nicht allein dort wohnen," und er

deutete mit den Augen nach dem Blockhause, das jetzt nur noch wenige tausend Schritte vor ihnen lag.

„Nein, gewiß nicht!" erwiederte sie.

Er sah sie mit einem seltsamen Blick an.

„Aengstige Dich nicht so, guter Lambert," sagte sie, „wir stehen in Gottes Huth."

„Nein, gewiß nicht!" erwiederte er.

Er hatte wohl nicht vernommen, was sie zuletzt gesagt, und nur ihre Worte von vorhin wiederholt; dennoch berührte es sie peinlich, als sie, wenn auch aus Mißverständniß, verneinen hörte, woran sie aus voller Seele glaubte, wie ihr guter alter Vater daran geglaubt in aller Noth und Trübsal. Wir stehen in Gottes Huth! das war der Text seiner letzten Predigt gewesen, die er, selbst schon ein Sterbender, den unglücklichen Leidensgefährten in dem Zwischendeck des Schiffes hielt; das war sein letztes Wort gewesen, als er wenige Stunden später die reine, gottergebene Seele in ihren Armen aushauchte. Und hatte er sich denn nicht wundersam an ihr bewährt, der fromme Kinderglaube? War nicht, als alle Menschenhülfe unmöglich schien, dennoch, von Gott gesandt, ein guter Mensch gekommen und hatte sie mit starker Hand herausgeführt aus dem Irrsal? und sie sorgsam geleitet über Hügel und Berge, Bäche und Ströme, durch endlose Wälder und unabsehbare Prairien! Nie, nie war ihr an der Seite des Guten und Starken ein Gefühl der Furcht, der Sorge gekommen, und nun, da sie sich dem Ziele der langen Pilgerfahrt endlich nahte, sollte doch der Zweifel sie beschleichen? — „Ich will Dich schirmen und schützen, wie ein Bruder die Schwester?" —

Hatte er zuviel gelobt? Warum schritt er so in sich ge=
kehrt, so still und stumm an ihrer Seite, jetzt, gerade
jetzt, wo er im Begriff war, an seinen Heerd, an den
Heerd seiner Eltern zurückzukehren? fürchtete er, nicht
gut, vielleicht um der Fremden willen, die er heimbrachte,
nicht gut empfangen zu werden? Und warum so still
das Haus da vor ihnen? Kein Hundebellen! kein Lebens=
zeichen von Menschen, die im nächsten Moment dem
Heimkehrenden in die Arme fliegen! Still und stumm
das einsame Haus auf dem kleinen, nach allen Seiten
gleichmäßig abfallenden Hügel am Rande des Baches,
der still und stumm zwischen dem Röhricht dahingleitet
wie eine Schlange, die durch das Gras schlüpft. Still
und stumm die dunklen Wälder, die hüben und drüben
von den Uferhöhen in's Thal schauen!

Katharinen war, als sollte ihr das Herz springen,
wie sie jetzt an dem Hause anlangten, das, aus unge=
heuren Balken gefügt, in seinem unteren Stockwerk statt
der Fenster nur schmale Oeffnungen hatte, wie die Schieß=
scharten in einer Festungsmauer — und ihr mit der weit
vorragenden, massiven Brustwehr um den niedrigen,
oberen Stock und dem hohen Schindeldach, Alles in
Allem, wie ein Gefängniß erschien. Lambert band
das Pferd an einen schweren, eisernen Ring, der
neben der Thür angebracht war, warf prüfende Blicke
über das Haus und rings umher, murmelte etwas, das
sie nicht verstand, drückte endlich, wie zögernd, gegen die
schwere Thür, die nur angelehnt war und sich nach innen
öffnete. Er verschwand in dem Hause, kam nach wenigen
Minuten wieder heraus und sagte: „Es ist Niemand

da — wir werden ganz allein sein. Willst Du mit mir gehen?"

Es waren dieselben Worte, die er zu ihr gesprochen, damals auf dem Deck des Auswandererschiffes, und wiederum antwortete sie wie damals: „ich will mit Dir gehen."

Und sie faßte seine Hand, die er nach ihr ausgestreckt hatte, und folgte ihm in das verlassene Haus.

Viertes Capitel.

Durch die offene Thür war, als Lambert drinnen hantierte, ein heller Schein gefallen; Katharine sah jetzt, daß derselbe von einem gewaltigen Kienspan herrührte, welcher in einer eisernen Vorrichtung neben einem großen steinernen Heerde in der Ecke des Raumes brannte. Der Raum war, wie ihn das junge Mädchen in mehr als einer der Farmerwohnungen, in welchen sie auf ihrer Wanderschaft Rast gemacht, kennen gelernt hatte: halb Küche und Vorrathskammer, halb Wohnstube, mit allerlei Geräthschaften ausgestattet, die an den Wänden, selbst an der Decke, hingen, in den Ecken standen, auf dem Fußboden lagen: um den Heerd herum ein paar rohe Stühle aus Tannenholz, unmittelbar neben dem Heerde an der Wand ein großer viereckiger Tisch, der als Anrichte= und auch wohl als Eßtisch diente, denn es standen noch in ein paar irdenen Gefäßen die Reste einer Mahlzeit darauf, zu welcher ein Bärenschinken, der nicht wieder an seinen Haken gehängt war, den hauptsächlichen Beitrag geliefert zu haben schien. Die ganze Einrichtung war nur auf das einfachste Bedürfniß berechnet; keine Spur eines Strebens nach Anmuth oder Schönheit, nicht einmal Behaglichkeit, und diese Beobachtung, die das junge Mädchen mit dem ersten Blicke machte, den sie durch den Raum gleiten ließ, fiel ihr schwerer auf das Herz, als die Stille des leeren Hauses. Das Haus mußte sich ja füllen, wenn die jetzt Abwesenden zurückkamen, aber würde sie sich der Kommenden freuen, die hier hausten, die dies ihr Heim nannten?

„Ich muß nach dem Pferde sehen," sagte Lambert, „und nach dem Andern. Du bereitest uns unterdessen wohl das Abendbrod — es wird sich ja noch etwas finden. Hernach wollen wir an Deine Schlafstelle denken. Es sieht hier sehr wüst aus, aber Konrad weiß nichts von Ordnung. Indessen, Du kannst eine Kammer oben haben, ich schlafe unten. Ich gehe nicht weit und bin bald wieder zurück, ängstige Dich nicht!"

Er sagte dies Alles sehr hastig und abgerissen, während er hier und da in den Ecken kramte, so daß sie ihn kaum verstand. Dann verließ er schnell das Haus und sie hörte, wie er draußen das Pferd losband und sich mit demselben entfernte.

„Aengstige Dich nicht! Nun wahrlich, ein Wunder wäre es nicht, wenn ich es thäte! Wie sonderbar ist dies Alles! Aber er ist ja so himmlisch gut zu mir armem Mädchen gewesen, und meint es gewiß noch brav und treu wie immer. Wo sie nur sein mögen? bei einem Nachbar gewiß: ich sah den Bach abwärts ein paar

Dächer in der Ferne. Ob er sie noch zurückerwartet? Nun, ich will thun, was einer guten Magd zukommt, die ihre Herrschaft erwartet.

„Womit fange ich nur an? Ja, das ist es! Da wird es gleich behaglich werden!"

Sie wandte sich zum Heerd und hatte nach wenigen Minuten aus dem trockenen Kienholz, das aufgeschichtet daneben lag, ein helles Feuer entfacht. Dann löste sie den Kessel, der mit der Kette an der Wand hing, vom Haken, füllte ihn halb mit Wasser, das sie frisch aus dem kleinen Brunnen schöpfte, welcher unmittelbar neben dem Heerde stand, und suchte und fand nach einiger Zeit, wessen sie sonst zur Bereitung des Abendbrodes bedurfte. Nur über die Zahl derer, für welche sie zu sorgen haben würde, war sie im Unklaren; sie meinte endlich, daß sechs die rechte Zahl sein dürfte: Lamberts Eltern und Konrad, sein Bruder, von welchem er ein paar Mal kurz gesprochen hatte, Lambert selbst, und vielleicht fand sich noch ein Mitglied der Familie, oder man brachte einen Gast mit. Dann, als es nach dieser Seite nichts mehr zu thun gab, fing sie an, etwas Ordnung in dem Raum zu schaffen, aber nur so obenhin, und was sich gewissermaßen von selbst zurecht stellte und legte, wenn man nur ein wenig nachhalf; „denn ich habe eigentlich doch kein Recht dazu und sie möchten mir's übel nehmen," sagte sich das junge Mädchen.

So mochte sie wohl eine Viertelstunde still geschafft haben und war eben wieder, da sie für den Augenblick nichts weiter zu thun fand, und das Wasser zu kochen anfing, an den Heerd getreten und schaute in die lodernde

Flamme, denkend, es sei nun wohl Zeit, daß wenigstens Lambert zurückkomme, als sie hinter sich ein Geräusch vernahm. Sie wandte sich halb um, und erschrak heftig, als sie, anstatt Lamberts, wenige Schritte von ihr entfernt, einen Fremden stehen sah, der sie, ohne sich zu regen, mit verwunderten Blicken, als traute er seinen Augen nicht, anstarrte. Der Schein des hellflammenden Kienspans und des lobernden Feuers fiel voll auf ihn, und das war ein Glück für Katharine, denn sie sah nun in demselben Moment, daß der riesengewaltige, in sonderbare, halb bäurische, halb indianische Tracht gekleidete Mann noch sehr jung war, mit einem trotz der tiefbraunen Sonnenfarbe schönen Gesicht, aus dem die großen verwunderten Augen herrlich glänzten. Und jetzt lehnte der junge Riese die Büchse, die er vorhin auf den Boden hatte gleiten lassen, an den Tisch, schlug die mächtigen Hände schallend zusammen, brach in ein überlautes Gelächter aus, warf sich in einen der Stühle, der trotz seiner derben Construction erkrachte, sprang dann wieder auf, trat dicht vor das Mädchen hin, das nun doch ein wenig zurückwich, fing abermals, aber weniger laut, an zu lachen, schwieg dann plötzlich, schüttelte die kurzen braunen Locken und sagte: „Das hat der Lambert gut gemacht! Wo ist denn die Andere?"

Katharine antwortete nicht; sie wußte nicht, was die Worte des jungen Mannes heißen sollten, aber sie berührten sie häßlich, und ihr Herz fing auf einmal an heftig zu pochen.

Der junge Riese blickte umher in dem Raume, als suche er wen, der sich da versteckt habe; dann richteten sich seine Blicke wieder auf Katharine, aber jetzt war ein anderer Ausdruck in den großen Augen, die in einem tieferen Licht erglänzten. Er sagte durch die weißen Zähne:

„Du bist schön, Mädchen; so etwas Schönes habe ich nie gesehen. Wie heißt Du?"

„Katharine," sagte das junge Mädchen, welches fühlte, daß es sprechen müsse. „Katharine Weise. Du bist Konrad, Lamberts Bruder; ich sehe es an der Aehnlichkeit. Dein Bruder Lambert ist sehr gut gegen mich gewesen: sehr gut. Wir sind eben angekommen. Er ist gegangen, das Pferd in den Stall zu bringen. Er wollte gleich wieder hier sein; mir däucht, Du hättest ihm begegnen müssen. Werden die Anderen auch bald kommen?"

„Wer soll kommen?" fragte Konrad.

„Eure Eltern," sagte Katharine; sie sagte es sehr leise, die Angst, die mit jedem Augenblicke wuchs, schnürte ihr die Kehle zusammen.

Konrad zeigte seine weißen Zähne. „Unsere Eltern," rief er, „unsere Eltern! ei, die sind lange todt; Du mußt schon mit uns Beiden vorlieb nehmen."

„Ich will nach dem Lambert sehen," sagte Katharine, und sie versuchte an Konrad vorüber nach der Thür zu gelangen. Konrad vertrat ihr den Weg.

„So," sagte er, ärgerlich lachend, „und der Lambert hätte Dich für sich selbst mitgebracht, der Schlaukopf — und ich soll das Nachsehen haben! Nun, meinetwegen! Ich bin der Jüngere und kann schon noch ein Bischen warten; aber einen Kuß, schöne Schwägerin, den mußt Du mir geben, das ist das Wenigste."

Und er streckte die mächtigen Hände aus, zog das Mädchen, das sich vergebens gegen die Riesenkraft des Uebermüthigen sträubte, an sich und küßte sie auf die erglühenden Wangen.

In diesem Momente ergoß sich das Wasser, das längst schon ungestüm gebrodelt hatte, zischend und sausend in dichtem Schwall nach allen Seiten über den Rand des Kessels in das Feuer, welches beinahe erlosch. Ein dichter grauer Dampf, durch den das Licht des Kienspans röthlich schien, wallte auf und erfüllte den Raum. Katharine riß sich los oder wurde losgerissen; sie hätte es nicht zu sagen vermocht; aber es waren jetzt zwei Gestalten da, die mit einander rangen und von denen die andere wohl Lambert sein mochte. Auch glaubte sie Lambert ihren Namen rufen zu hören, und nochmals ihren Namen, als draußen schon der Abendwind um ihre von Zorn und Scham erglühenden Wangen spielte.

Drinnen hatte sich der Dampf verzogen; Konrad fiel seinem Angreifer, den er eben mit einer gewaltsamen Anstrengung von sich abgeschüttelt hatte, lachend um den Hals.

„Lambert, lieber, bester Lambert!"

„Laß mich," sagte Lambert, sich hastig aus der Umarmung losmachend, „laß mich! Katharine?"

Und er blickte mit wirren, angstfüllten Blicken in dem spärlich erleuchteten Raum umher.

„Sie ist hinausgelaufen," sagte Konrad; „ich will sie Dir wiederholen."

„Nein, nein; ich will es, ich muß es;" rief Lambert, schon an der Thür.

„So nimm mich doch wenigstens mit!"

„Ich bitte Dich, Konrad, laß mich; ich will Dir Alles hernach erklären. Katharine! um Gottes Barmherzigkeit willen, wenn sie sich in den Creek gestürzt hätte!"

„Dummes Zeug," sagte Konrad, der, weniger aufgeregt, als sein Bruder, die falkenscharfen Augen überall hatte umherschweifen lassen: „Da sitzt sie, da! siehst Du!"

„So will ich allein zu ihr!"

„Meinetwegen! Und, Lambert, höre: Du hast mir nicht auch eine Frau mitgebracht!"

Aber Lambert eilte schon mit klopfendem Herzen der Stelle zu, wo er Katharine sitzen oder liegen sah — er konnte es in der Entfernung und bei der Abenddämmerung, die jetzt stark hereinbrach, nicht unterscheiden.

Katharine war den Hügel, auf welchem das Haus lag, hinab, gerade vor sich hingerannt, bis sie plötzlich den Bach zu ihren Füßen sah. Nun lief sie an dem Rande entlang, ohne recht zu wissen, was sie wollte, wohin sie wollte, nur von dem einen schmerzlichen Gefühl getrieben, daß der Mann, dem sie vertraut wie ihrem Gott, sie betrogen habe. Auch selbst das vermochte sie sich nicht klar zu machen. Es war ja Alles so schnell gekommen, schattenhaft an ihr vorbeigezogen im Rauch und Nebel des Heerdfeuers, welches sie für eine Familie entfacht, die aus zwei mit einander kämpfenden Brüdern bestand, kämpfend um sie! Und dies das Ende der langen Pilgerfahrt, welche sie so getrosten Muthes begonnen, mit einer immer wachsenden Empfindung der Sicherheit, ja zuletzt mit einer sonderbaren Freudigkeit zurückgelegt hatte. Dies das Ende!

„O mein Gott, mein Gott!" stöhnte das junge
Mädchen, stehen bleibend und mit angstvollen Blicken in
die Wildniß starrend, die sie rings in fürchterlichem
Schweigen umgab, in den Abend, der finster von allen
Seiten heraufzog, „o mein Gott, mein Gott!"

Ein Steg, der nur aus einem mächtigen Baumstamm
bestand, führte an der Stelle, wo sie jetzt war, über den
Bach. Schon hatte sie einen Fuß auf die gefährliche
Brücke gesetzt, als ihr plötzlich dunkel vor den Augen
wurde. Unwillkürlich wich sie wieder zurück und sank
in die Knie, ihr Haupt gegen den Baumstamm lehnend,
die Sinne vergingen ihr.

Da hörte sie wie aus weiter Ferne ihren Namen
rufen: Katharine! und noch einmal, aber diesmal in ihrer
unmittelbaren Nähe: Katharine! Sie schlug die Augen
auf: dicht neben ihr im Grase kniete Lambert. Er hatte
ihre kraftlosen Hände ergriffen; sein langes, schlichtes,
braunes Haar flatterte in dem Abendwind wirr um sein
bleiches, angstzerwühltes Gesicht.

„Katharine," sagte er noch einmal, „kannst Du mir
verzeihen?"

Das junge Mädchen sah ihn groß an; sie wollte
sagen: warum hast Du mir das gethan? aber das Herz
war ihr zu voll. Zwei große Thränen rollten über ihre
Wangen, denen unaufhaltsam andere und andere folgten.
Sie wollte ihre Hände aus Lamberts Händen ziehen;
der aber hielt sie fest wie ein Verzweifelter, und wie
eines Verzweifelten klang seine Stimme: „Um Gottes=
willen, Katharine, höre mich! ich habe es gut gemeint;
ich habe es Dir hundertmal sagen wollen; aber ich konnte

es nicht; ich dachte, Du würdest nicht so gern mit mir gehen, wenn Du die Wahrheit erführest. Ich habe eine große Angst ausgestanden, Du könntest es doch hören, als wir durch Albany kamen und durch Shenectady und durch das Mohawk=Thal, wo sie mich Alle kennen. Ich bin immer vorher in die Häuser gegangen, die Leute zu bitten, daß sie nicht zu Dir über meine Verhältnisse sprächen, und heute bin ich gar vom Wege ab durch den Wald gezogen, damit mir Niemand hier am Creek begegnete. Es war nicht recht, es war sehr thöricht, es war schlecht von mir, Katharine, daß ich Dein Vertrauen nicht mit Vertrauen erwiedert habe, aber ich wußte mir nicht zu helfen. Um Gotteswillen verzeihe mir, Katharine!"

Sie hatte ihm jetzt doch ihre Hände entzogen, die sie fest unter dem Busen verschränkte. Lambert war aufgestanden; er strich sich das Haar aus dem Gesicht. Er wußte vor all den Gedanken, die sich in seinem Kopf durchkreuzten, vor all den Empfindungen, die seine Brust erfüllten, nicht mehr, was er sagen sollte, was er sagte.

„Katharine, glaube mir, o, glaube mir doch: ich habe nicht daran gedacht, als ich nach New=York kam, daß ich nicht allein heimkehren würde. Ich will Dich wieder zurück= bringen, will Dich bringen, wohin Du willst. Mein Ohm, der Christoph Dittmar, und seine Frau, meine Base, sind alt und kinderlos, und würden sich freuen, Dich zu haben; und Konrad und ich werden wieder leben wie vorher. Konrad ist mir immer ein guter, treuer Bruder gewesen, und es thut ihm gewiß jetzt schon herzlich leid, daß er Dich so beleidigt hat. Wir Beide wollen über Dich wachen, für Euch Alle wachen, wie wir es stets gethan, hier, wo wir die Vordersten sind von allen Ansiedlern. Aber wie Du willst, Katharine, wie Du willst."

Sie hatte sich jetzt auch erhoben, und wie sie dastand, hoch aufgerichtet, in dem Schein des Mondes, der seit einiger Zeit über den Waldrand heraufgekommen war, glaubte Lambert das geliebte Mädchen so schön nie gesehen zu haben. Sie hatte die Hände gefaltet, und blickte nicht auf Lambert, sondern nach oben, als sie leise, aber fest sagte: „Ich will mit Dir gehen, Lambert Sternberg — trotzdem!"

Sie schritten nebeneinander nach dem Hause zurück, dem Monde entgegen, der mit glänzender Klarheit aus dem tiefblauen Himmel leuchtete. Lambert richtete von Zeit zu Zeit schüchterne Blicke auf die Geliebte; er hatte ihr noch so viel zu sagen, so sehr viel; aber er wagte nicht zu sprechen, da sie selbst nicht sprach und er doch mußte, daß sie so schön sprechen konnte, wie er sein Leben lang noch Niemand hatte sprechen hören. Nun, es war ja auch so schon gut, und er war ja auch so schon dankbar, daß die Last endlich von seiner Seele genommen war, und daß sie ihm verziehen hatte, ihm gewiß ganz verzeihen würde, wenn sie erfuhr, was er gelitten!

Katharine ihrerseits hatte es schon erfahren: an der leidenschaftlichen Heftigkeit des sonst so ruhig gefaßten Mannes; sie hatte es erfahren an dem Sturm, der eben durch ihre eigene Seele gebraust war. Und jetzt war in ihrer Seele nach dem Sturm die Ruhe der Betäubung. Was war geschehen? war Alles, was sie still gehofft, in sich genährt, gehegt, für immer vernichtet? war unter

Donnertosen eine neue Welt erblüht, viel herrlicher, als sie je geträumt?

So, in die sonderbarsten Gedanken verloren, gelangten sie wieder zum Hause.

„Kommt Ihr endlich!" sagte Konrad.

Er hatte in der Thür gestanden, die er jetzt für die Beiden weit aufriß. Dann reichte er Katharinen die Hand und seinem Bruder, als begrüßte er sie zum ersten Male. „Ihr seid mir vorhin so über den Hals gekommen," sagte er; „man wußte ja gar nicht, wo einem der Kopf stand. Und wie hier Alles herumlag! Es war ein Bischen unordentlich geworden in den zwei Monaten, die Du fort warst, Lambert; Du weißt, ich verstehe mich schlecht auf Haushalten; und ich war auch erst vor zwei Stunden nach Hause gekommen, nachdem ich acht Tage draußen gewesen oben am Black River, hinter den Bibern her, habe aber statt der Biber nur Onondagas gefunden, die gar keine gute Miene hatten, die verdammten Schelme. Und eben war ich nur nach Ohm Dittmar hingesprungen, der unterdessen unsere Kühe gehabt hat. Die Bleß hat gekalbt. Dittmar will das Kalb behalten, wenn Du es nicht selbst aufziehen willst. So, jetzt Euch hierher. Ich habe unterdessen das Abendbrod, so gut es gehen wollte, wieder in Ordnung gebracht, nachdem ich vorher dazwischen getölpelt war. Es giebt gebackenen Schinken, Lambert, Dein Leibgericht."

Konrad war ganz außerordentlich geschäftig, während er so sprach. Er rückte die Stühle an den Tisch und rückte sie wieder ab, um sie mit seiner braunen Hand abzuwischen, und wieder heranzurücken. Er legte aber=

und abermals Holz an das Feuer, daß die Flamme hoch aufprasselte und sausend in den Schlot hinauffuhr; gab seinem Wolfshund Pluto, der jetzt hereinkam, einen Fußtritt aus keinem bestimmten Grunde, es hätte denn sein müssen, weil derselbe fortwährend mit den großen, gelben Augen Katharinen anblinzelte. Er selbst sah das fremde Mädchen nicht an, und wenn zufällig sein Blick über ihr Antlitz streifte, wurde er roth und verlegen und wandte schnell die Augen wieder ab.

So trieb er es während der ganzen Mahlzeit, in einem fort sprechend, aufstehend, sich wieder setzend, Alles ordnen wollend und Alles in Verwirrung bringend, so daß es Lambert heiß vor der Stirn wurde, und er Gott dankte, als er Katharine freundlich lächeln sah. Sie glaubte Konrads Betragen zu seinen Gunsten auslegen zu dürfen; und daß sie keinen schlimmen Eindruck auf den jungen, schönen Menschen gemacht, war ersichtlich genug. Es kostete sie jetzt keine Mühe, auf seine Reden dann und wann ein freundliches Wort zu erwiedern. Ja, Lambert war erstaunt, und es klang ihm sonderbar, als sie einmal über eine der tollen Reden Konrads lachte in demselben anmuthig weichen Ton, in welchem sie sprach. Er hatte sie auf ihrer ganzen Wanderschaft niemals lachen hören.

So saß er denn still da, voll dankbarer Freude, daß sich Alles nun doch so gut anließ, nachdem er eben noch ganz verzweifelt gewesen, und doch voll heimlicher Unruhe, wie ein Mensch, der einer großen Gefahr mit genauer Noth entronnen, sich dem Gefühl der Sicherheit nicht hinzugeben wagt, und den Boden unter seinen

Füßen schwanken zu fühlen glaubt. Dazu drückte ihn, je mehr die Mahlzeit sich ihrem Ende nahte, schwerer und schwerer eine neue Sorge. Er hatte während der Reise in den Farmerhäusern, wo sie einkehrten und wo der Platz oft knapp genug bemessen war, mehr als einmal, zusammen mit der Farmerfamilie, zur Nacht denselben Raum mit seiner Gefährtin innegehabt; ja, zwei oder drei Nächte, wo sie eine Menschenwohnung nicht erreichen konnten, hatten sie mitten im Walde Rast gemacht, und er hatte das geliebte Mädchen im Scheine des Lagerfeuers ruhig schlummern sehen, und, aufblickend zu den Sternen, die durch die Baumwipfel glänzten, Gott gedankt, daß er über ihren Schlummer wachen dürfe. Doch das war eben auf der Reise gewesen — eine Ausnahmezustand, der so nicht bleiben konnte und sollte. Nun befand sich im oberen Stockwerke, das sonst nur Vorrathsboden war, ein kleiner Verschlag, in welchem einer der Brüder zu schlafen pflegte, während der andere seine einfache Lagerstätte in einer kleinen Abseite des unteren Raumes hatte. Die Brüder hatten diese Einrichtung im vergangenen Jahre getroffen, als der Einfall der Franzosen doppelte Wachsamkeit nöthig machte, und hatten später, als die Gefahr vorüber war, bis zu Lamberts Abreise diese Gewohnheit beibehalten. Lambert hatte Katharinen jenen Raum zugedacht; aber Konrad hatte bereits während des Mahles erzählt, wie er auf seinem achttägigen Streifzuge in Erfahrung gebracht, daß die Franzosen sich wieder rührten. Erneuete Wachsamkeit sei deshalb nöthig; und er, da Lambert sich gewiß von dem

Marſche ermüdet fühle, würde heute Nacht die Wache übernehmen.

„So wollen wir abwechſelnd Beide oben wachen," ſagte Lambert nach einer verlegenen Pauſe; „Katharine nimmt für heute hier unten vorlieb, morgen werden wir beſſer für ſie ſorgen. Iſt es Dir recht, Katharine?"

„Gern," erwiederte das junge Mädchen; ich habe dort hinter dem Verſchlag herrlich duftendes Heu geſehen, und hier die ſchöne, weiche Bärendecke — kümmert Euch nicht um mich; ich will ſchon zurecht kommen. Gute Nacht."

Sie reichte Lambert die Hand und dann Konrad, der verwundert dreinſchaute, und verwundert dem Bru= der, nachdem ſie noch vorher die Hausthüre feſt verrie= gelt und verrammelt hatten, die enge, ſteile Stiege hin= auf, nach oben folgte.

Katharine blickte den Beiden nach, dann athmete ſie tief auf, ſtrich mit der Hand über die Stirn und begann die Reſte des Abendbrodes abzuräumen, die Gefäße zu reinigen und wegzuſtellen, und das Werk der Ordnung, das ſie vorhin ſchüchtern angefangen hatte, muthiger fort= zuſetzen. Das dauerte eine ganze Zeit; manchmal blieb ſie mitten in ihrer Arbeit wie betäubt ſtehen, die Hand an die Stirn gedrückt. Ihr Herz war ſo voll, daß ſie ſich hätte hinſetzen und recht ausweinen mögen, und in demſelben Moment durchzitterte ihre Seele eine faſt aus= gelaſſene Heiterkeit, wie ſie ſie wohl früher als ganz junges Ding beim Pfänderſpiel empfunden, wenn die Schaar bunt durcheinander tollte. Dann ging ſie, aus ſo wunderlichen Träumen erwachend, wieder ſtill an ihre

Arbeit, und schaute endlich mit einem zufriedenen Lächeln in dem Raum umher, der jetzt wirklich ein ganz anderes Aussehen gewonnen hatte. Nun löschte sie sorgsam das Feuer auf dem Heerde und suchte ihr bescheidenes Lager auf, das sie sich in der Abseite des großen Raumes bereitet hatte.

Durch die schmale Schießscharte in der dicken Bohlenwand stahl sich ein Strahl des Mondes und verbreitete eine schwache Dämmerung um sie her. Es athmete sich leicht in dem frischen Waldduft, der durch die Oeffnung wehte und ihre heiße Wange umspielte. Ununterbrochen plätscherte der Bach. Von Zeit zu Zeit erhob sich ein Rauschen, erst leise, dann anschwellend und wieder verhallend, fast wie ferner Orgelton. Es war des Urwaldes feierliche Musik. Sie hatte diese Musik schon vernommen auf der Wanderschaft, wenn sie, fast schon schlummernd unter den Bäumen im zusammengerafften Moose, mit traumverschleierten, halb geöffneten Augen Lambert noch am Lagerfeuer sitzen sah. Auch jetzt hörte sie seinen Schritt, wie er oben um die Gallerie die Runde machte. Es mußte sein Schritt sein; Konrad wäre fester aufgetreten. Einmal stand er still, gerade ob ihrem Haupte. Spähte er in die Ferne nach dem blutgierigen Feinde? oder horchte er auf des Spottvogels wundersames Lied, das sich seit einiger Zeit vom Walde her vernehmen ließ, in weichen, schluchzenden Tönen, wie die Nachtigall schlug drüben in der deutschen Heimath in dem Lindenbaum vor dem Giebel des Pfarrhauses; und nun wieder kreischte es dazwischen wie ein ärgerlicher Papagei oder lachte gar wie eine Elster. Das klang so drollig. Und dann war

es gar nicht mehr des Spottvogels dämonischer Doppel=
gesang, sondern zwei Menschenstimmen waren es, und
Lambert sprach in leidenschaftlich erregtem Tone: Katha=
rine, kannst Du mir verzeihen? und Konrad lachte da=
zwischen und sagte: Katharine ist gar nicht bös; und Ka=
tharine mußte lächeln und mit einem Lächeln auf den
Lippen schlief sie endlich ein.

Unterdessen hielt Lambert, wie Katharine richtig ge=
schlossen hatte, auf der Gallerie langsam das Stockwerk
umwandelnd, die Wache, trotzdem Konrad wiederholt
versichert hatte, es habe mit der Gefahr, von der er vor=
hin gesprochen, für heute gar nichts auf sich, und er habe
das nur so gesagt, um sich mit gutem Grunde entfernen
zu können. Er war dann, als Lambert geantwortet: „ich
weiß nicht, was Du meinst," schier zornig geworden,
hatte sich in der Wachtstube auf das Lager geworfen und
erklärt, daß er zu müde sei, um heute noch ein Wort zu
sprechen.

Dennoch schlief er nicht, denn als Lambert nach
einer Stunde etwa vor der offen stehenden Thür des
Wachtzimmers leise vorüberschritt, glaubte er seinen Na=
men aussprechen zu hören. Er blieb stehen und schaute
hinein.

„Riefst Du mich, Konrad?"

„Ja," erwiederte Konrad, der sich auf den Ellbogen
aufgerichtet hatte. „Ich wollte Dich etwas fragen."

„Was?"

„Seid Ihr denn nicht verheirathet?"

„Nein; weshalb?"

„O, ich fragte nur so, gute Nacht!"

„Konrad, lieber Konrad, höre mich an. Es drückt mir das Herz ab, Dir Alles zu sagen!"

Aber Konrad war bereits wieder auf das Bären=
fell zurückgesunken und schlief, oder that doch, als ob er schlafe.

Lambert ging traurig hinaus. „Morgen," sprach er bei sich, „bevor wir Katharinen sehen, wird er es wissen, und er wird mir helfen, und Alles wird gut werden."

Fünftes Capitel.

Als aber Lambert am anderen Tage aus tiefem Schlaf, zu dem er sich in der Morgenfrühe an Konrads Seite hingestreckt, ziemlich spät erwachte, fand er den Bruder nicht mehr, der schon vor Sonnenaufgang das Blockhaus verlassen hatte. Katharine war bereits auf und am Heerde beschäftigt gewesen, als Konrad leise die Treppe herabgekommen war. Er hatte es sehr eilig ge=
habt und selbst die Morgensuppe, die sie ihm bot, aus=
geschlagen. Er werde schwerlich vor Einbruch der Nacht zurück sein. Dann habe er Büchse und Jagdtasche um=
gehängt, und sei, Pluto auf den Fersen, mit langen Schritten den Bach abwärts gegangen.

„Der wilde Junge!" sagte Lambert.

Er war sehr böse auf Konrad, aber es kam ihm nicht in den Sinn, daß dieser ihm geflissentlich habe aus=
weichen wollen. Konrad war gestern Abend wunderlich genug gewesen, aber der ältere Bruder hatte sich längst

an die Unberechenbarkeit, an die krausen, oft tollen Lau=
nen des jüngeren gewöhnt. Weshalb sollte Konrad
heute eine Jagd aufgeben, die er vielleicht mit den Ge=
fährten verabredet? Er wird sich schon zu Mittag mit
einem feisten Wildpret und echtem Waidmannshunger
einfinden.

So sagte Lambert, während er, an dem Heerde
stehend, sein Morgenbrod einnahm. Er sagte aber nicht,
daß er, Alles in Allem, über des Bruders Abwesenheit
gar nicht so ungehalten war; daß er die süße Gewohn=
heit, mit Katharinen allein zu sein, und frei mit ihr
plaudern zu können, nur ungern entbehrt hätte.

Aber es wollte heute Morgen zu dem behaglichen
Plaudern nicht kommen. Katharine war still, und, wie
Lambert jetzt sah, bleich und ihre sonst so strahlenden
braunen Augen wie verschleiert. Sie meinte, daß sie
nun, da sie das Ziel der Reise erreicht, doch fühle, wie
groß die Anstrengung gewesen sei; „aber," fügte sie
lächelnd schnell hinzu: „Du brauchst deshalb nicht zu
sorgen; das ist in ein paar Tagen, vielleicht Stunden,
Alles überwunden. Ich will nicht prahlen, aber ich habe
noch immer schaffen können, was Andere schafften, und
manchmal sogar ein wenig mehr; und wenn Du nicht
ein gar zu strenger Herr bist, sollst Du mit Deiner
Magd zufrieden sein."

Lambert war, als ob die Sonne sich plötzlich ver=
hüllte. Er setzte mit zitternden Händen den Napf hin,
den er noch nicht vollständig geleert: „Du bist nicht
meine Magd, Katharine," sagte er leise.

„Doch, Lambert," erwiederte das junge Mädchen;

„doch! wenn Du auch meinen Schuldbrief großmüthig zerrissen hast. Ich bin Dir darum nicht weniger verpflichtet; ja ich bin es jetzt doppelt. Du weißt es wohl; und doch ist es gut, daß ich es sage. Ich wollte Dir eine treue, gute Magd sein, Dir und den Deinen. Ich glaubte nicht anders, als daß Deine Eltern noch lebten, ich habe mich herzlich darauf gefreut, ihnen dienen zu dürfen. Du hast von Deinen Eltern nicht gesprochen; ich denke, um mir das Herz nicht schwer zu machen. Nun sind Deine Eltern todt, wie die meinen, und Du lebst hier allein mit Deinem Bruder, so bin ich Deine Magd und Deines Bruders."

Lambert machte eine Bewegung, als ob er etwas erwiedern wollte; aber die halb erhobenen Arme fielen machtlos herab und die schon geöffneten Lippen schlossen sich wieder. Er hatte sagen wollen: ich liebe Dich, Katharine, siehst Du es denn nicht! Wie sollte er das jetzt sagen?

Katharine fuhr fort:

„Ich wollte Dich recht schön bitten, Lambert, daß Du auch in diesem Sinne mit Deinem Bruder redetest, wenn Du es noch nicht gethan hast! Du bist der Aeltere und kennst mich schon besser; er ist jung und ungestüm, wie es scheint, und sieht mich jetzt zum ersten Male. Und nun, Lambert, hast Du gewiß Besseres zu thun, als hier zu stehen, und mit mir zu schwätzen; ich habe hier noch ein wenig aufzuräumen, und komme nach, wenn Du nicht weit gehst, und wenn es Dir recht ist. Ich möchte doch nun auch Alles sehen und von Allem Bescheid wissen."

Sie hatte sich zu ihm gewendet und reichte ihm die Hand. „Ist es Dir recht?" wiederholte sie lächelnd.

„Alles, Alles," wiederholte Lambert. Die Thränen standen ihm in den Augen; aber das geliebte Mädchen wollte es so, und das war genug. „Ich will zuerst nach dem Hofe," sagte er, „und hernach in den Wald; am Nachmittag wollte ich zum Ohm Dittmar; vielleicht begleitest Du mich da?"

Er ging eilig hinaus; Katharine schaute ihm mit wehmüthigem Lächeln nach. „Du Guter, Lieber," sagte sie vor sich hin; „Du bester Mann, es ist nicht meine Schuld, wenn ich Dich quäle; aber ich muß eben an uns Alle denken, für uns Alle denken. Der Tollkopf, nun wird er ja wohl zufrieden sein."

Katharine fühlte sich doch jetzt ein wenig erleichtert von dem Druck, der nach einer sonderbaren Scene heute Morgen mit Konrad auf ihrer Seele gelegen hatte. Unwillkürlich mußte sie immer daran denken: wie erschrocken der Konrad gewesen war, als er, die schmale, steile Stiege leise herabkommend, sie schon am Heerde gefunden; wie er dann an sie herangetreten, und sie mit seinen großen, funkelnden Augen angestarrt, und endlich gesagt hatte: „seid Ihr Mann und Frau, oder seid Ihr es nicht?" und ehe sie noch Zeit hatte, etwas zu erwiedern: „seid Ihr es, so soll es mir recht sein, wenn ich mir auch vielleicht eine Kugel durch den Kopf jage; aber lügt nicht, um Gotteswillen lügt nicht, sonst schieße ich mich wahrscheinlich auch noch todt, aber ganz gewiß Euch Beide vorher." Und dann, als Katharine vor dem Ungestümen zurückgewichen war, hatte er an zu lachen ge=

fangen und gesagt: „Nun, man schießt nicht leicht einen
solchen Bruder todt, der so gut ist, daß er nicht besser
sein kann, und ein Mädchen, das so schön ist, so wun=
derschön; und was mich selbst angeht, so brauche ich um
das Todtgeschossenwerden nicht zu sorgen. Das kann
mir jeden Tag passiren. Pluto! Bestie, glotzest Du sie
schon wieder an? Wart, ich will Dich Mores lehren."
Damit war er fortgestürzt, und draußen hatte Pluto
kurz und schmerzlich aufgeheult, als wollte er Katharinen
belehren, daß sein Herr nicht vergebens zu drohen pflege.

„Nun wird er ja wohl zufrieden sein," sagte Katha=
rine noch ein paar Mal, während sie das Frühstück weg=
räumte und die Vorbereitungen für das einfache Mittags=
mahl traf. Die Arbeit ging ihr leicht von der Hand.
Sie mußte heute nicht mehr wie gestern Abend, wessen
sie bedurfte, mühsam zusammensuchen; heute war Alles
zur Hand, und Alles blickte sie vertraut an, als hätte
sie es schon von Jugend auf gekannt. Und sie summte
leise ihr Lieblingslied vor sich hin: „Wär' ich ein wilder
Falke, ich wollt' mich schwingen auf," und unterbrach
sich dann, und sagte:

„Ich bin ein Kind gewesen, mich so zu ängstigen.
Er liebt ihn ja, das sieht man klar; er hat ihn ja den
besten Bruder genannt, und er selbst ist gewiß im Grunde
seines Herzens gut, wenn seine Augen auch noch so wild
blitzen. Vor blitzenden Augen, die so schön sind, braucht
man sich nicht zu fürchten; aber Lamberts Augen sind
doch noch schöner."

Katharine trat vor die Thür; der wundervollste
Frühlingsmorgen strahlte ihr entgegen. Kleine, weiße

Wölkchen zogen friedlich an dem lichtblauen Himmel:
goldene Sterne tanzten auf dem Bach; in dem üppigen
Gras der Wiesen funkelten die Thautropfen; in smaragd=
grünem Glanze hier, in tiefblauem Schatten da blickten
die Wälder still hernieder, die rings umher die Hügel
bekränzten. Ueber einer Felsenhöhe, die schroff aus dem
Walde ragte, schwebte auf weit gespannten Schwingen
ein mächtiger Adler, wie im sanften Spiel mit der himm=
lischen Luft, die durch das Thal athmete, und von der
jeder Hauch mit Balsamduft erfüllt war.

Katharine faltete die Hände und ihre Augen füllten
sich mit Thränen. Ihr war, als stände sie wieder in
der kleinen Kirche ihres Heimathdorfes und sie hörte des
Vaters milde Stimme den Segen über die Gemeinde
sprechen: Der Herr lasse sein Antlitz leuchten über Dir
und gebe Dir Frieden.

Der letzte Rest von Unruhe war von ihr gewichen;
und heiteren Sinnes ging sie, Lambert aufzusuchen, den
sie bei den Gebäuden vermuthete, welche sie jetzt, als sie
um das Blockhaus herumkam, waldwärts in einiger Ent=
fernung liegen sah.

Sie traf ihn, wie er eben an einer Umzäunung
arbeitete, die ein Stück Feld umschloß, auf welchem die
lanzenförmigen, glänzenden Blätter des indianischen Kor=
nes im Morgenwinde nickten. Junge, rothblühende
Apfelbäume, deren Stämme man mit Dornen sorgsam
umflochten hatte, waren rings um das Feld gepflanzt.

„Das haben heute Nacht die Hirsche gethan," sagte
Lambert, auf die schadhafte Stelle zeigend; „hier sind
die frischen Spuren; Konrad weiß sie sonst in Respect

zu halten; aber in den acht Tagen, daß auch er fort gewesen, sind sie wieder dreister geworden."

„Ich will Dir helfen," sagte Katharine, nachdem sie ein paar Minuten zugesehen, wie Lambert die schlanken Zweige, die auf einem Haufen daneben lagen, durch die aufgenagelten Latten flocht.

„Das ist keine Arbeit für Dich," sagte Lambert, emporblickend.

„So darfst Du ein für alle Mal nicht sprechen," erwiederte Katharine heiter; „wenn Du eine Prinzessin in Deinem Hause brauchst, mußt Du mich nur gleich wieder fortschicken. Ich eigne mich schlecht dazu."

Lambert lächelte glückselig, als er sah, mit welchem Geschick Katharine die Sache angriff, und wie gut ihr die Arbeit stand. Und er sah jetzt auch zum ersten Male, daß die Rosen wieder aufgeblüht waren auf ihren so bleichen Wangen, und wie sie nun, ihm helfend, sich hinüber und herüber bog, erfüllte ihn das anmuthige Spiel der Linien ihres schlanken, jungfräulichen Leibes mit schauderndem Entzücken.

„Du mußt aber auch nicht müßig sein," sagte Katharine.

Der junge Mann wurde über und über roth und wandte sich mit verdoppeltem Eifer zur Arbeit, die dann bald beendet war.

„Was kommt nun an die Reihe?" fragte Katharine.

„Ich wollte hinauf in den Wald, nach meinen Tannen sehen; da wird es wohl mehr zu thun geben, als hier, wo der gute Ohm Alles so brav in Ordnung gehalten hat; aber von der Waldwirthschaft versteht er wenig oder nichts, und Konrad kümmert sich nur um die Jägerei. Da ist es ein Glück, daß ich die Hauptarbeit noch habe thun können, bevor ich im Frühjahr wegreiste.

Er hing das Gewehr, welches neben ihm an dem Zaun gelehnt hatte, über die Schulter, und blickte Katharinen an.

„Wenn Du mich begleiten willst," sagte er zögernd; „es ist nicht weit."

„Das ist ein wahres Glück," sagte Katharine, „Du weißt, ich scheue die weiten Wege. Willst Du nicht lieber den Hans satteln?"

Sie rief dem Pferde, das in der Koppel nebenbei zusammen mit einer kleinen Heerde schwarzwolliger Schafe behaglich in dem kurzen, saftigen Grase weidete. Es spitzte die Ohren, kam schweifwedelnd langsam heran und steckte den Kopf über das Gatter.

„Du guter Hans," sagte Katharine, dem Thiere das dicke Stirnhaar aus den Augen streichend, „ich habe Dir viel Mühe gemacht auf der langen Reise?

„Die Mühe wird wohl nicht so groß gewesen sein. Nicht wahr, alter Hans?" sagte Lambert.

Hans mochte meinen, daß auf eine so müßige Frage keine Antwort nöthig sei, und kaute ruhig den letzten Bissen Gras zu Ende. Die jungen Leute standen dabei und sahen zu, und streichelten den Kopf und den Hals des Thieres, während über ihnen in den Zweigen des blühenden Apfelbaumes ein Rothkehlchen sang. Ihre Hände berührten sich; Lamberts große Augen nahmen einen starren Ausdruck an und hoben sich dann mit einem innigen Blick zu dem erröthenden Antlitz des Mädchens.

„Nun mußt Du mir auch den Hof zeigen," sagte Katharine.

„Gern," sagte Lambert.

Sie traten in den Wirthschaftshof, der ebenso wie das Wohnhaus mit einer mannshohen Mauer aus Feld=steinen umgeben war, und mehrere niedrige Gebäude, aus Balken wohl gefügt, enthielt. Zuerst das Viehhaus, in welchem sich im Winter und bei Unwetter der Hans, die Kühe und die Schafe friedlich zusammenfanden, und das jetzt leer war, bis auf ein paar halbwüchsige Schweine, die in einem Verschlage grunzten, und eine große Schaar Hühner und Puter, welche vergnüglich in dem Stroh ge=scharrt hatten, und nun, über die unliebsame Störung erschrocken, mit Geschrei und Geflatter auseinander= und zur offenen Thür hinausstoben. Dann den Schuppen, in welchem Lambert zur Winterszeit arbeitete, und wo neben sorgsam aufgeschichtetem herrlichen Nutzholz und Geräthen aller Art, angefangene und fertige Fässer standen, die dem geschicktesten Böttcher Ehre gemacht haben würden.

„Die kommen alle im Herbst mit Theer und Schiffs=harz gefüllt nach Albany," sagte Lambert, „und reichen noch lange nicht; ich werde mich sehr daran halten müssen, und Ohm Dittmar, von dem ich die Böttcherei gelernt habe, wird wohl helfen müssen, und Konrad, obgleich er diese Art Arbeit gar nicht liebt. Aber er kann Alles, was er will, und macht es dann besser, als Einer, der sein Leben dabei zubringt."

Katharine hörte es gern, daß Lambert so stolz auf

seinen jungen Bruder war; dennoch machte sie die Erwähnung desselben still; es war, als ob ein dunkler Schatten über ihr Gemüth zog, das eben noch so sonnig gewesen, wie die goldige Frühlingslandschaft rings umher.

Sie verließen den Wirthschaftshof und erreichten, allmälig aufsteigend, bald den Rand des Waldes, der hier weiter aus der Ebene zurückwich, so daß, als sie sich umwandten, das Thal ganz wie eine große Wiese im Walde erschien, in deren Mitte auf dem Hügel das Blockhaus lag. Selbst der Bach war jetzt hinter dem Röhricht, das seine Ufer umkränzte, verschwunden. Tiefster Frieden lag in seliger Stille über der morgenfrischen Erde; aber in den Lüften bereitete sich ein seltsames Schauspiel. Zu dem Adler, den Katharine vorhin beobachtet, hatte sich ein zweiter gefunden. Sie schwebten gerade über dem Hause und schlangen ihre Kreise in einander, schneller und immer schneller, bis sie plötzlich mit hellem Getön gegen einander prallten, und die mächtigen Flügel schlagend, um einander herumwirbelten, aneinandergeklammert herunterfielen, wie ein Stein, sich dann wieder losließen, aufschwangen, wieder aneinander prallten, bis der eine endlich nach dem Walde zu die Flucht ergriff, von dem anderen verfolgt.

„Ein häßlicher Anblick," sagte Katharine, „die bösen Thiere!"

„Wir sind daran gewöhnt," sagte Lambert.

Katharine hatte die Kampfesscene sonderbar berührt; sie hatte unwillkürlich wieder an Konrad denken müssen.

„Du liebst Deinen Bruder recht?" fragte sie, als sie sich jetzt in den Wald wandten.

„Und er mich," sagte Lambert.

„Und er ist noch so jung," begann Katharine von Neuem.

„Zehn Jahre jünger als ich; ich bin zweiunddreißig. Unsere Mutter starb bei seiner Geburt; die gute Base Dittmar, die unserer seligen Mutter Schwester ist, hat sich seiner angenommen, denn der Vater und ich armer Junge wußten uns natürlich nicht zu rathen. Als er ein paar Jahre alt war, kam er wieder zu uns, obgleich die Base ihn gern behalten hätte, aber der Vater stand nicht all zu gut mit dem Ohm, und war eifersüchtig, und fürchtete, daß ihm das Kind gar entfremdet würde. Da habe ich denn den kleinen verwaisten Schelm gewartet und gehegt nach besten Kräften, und wußte mir nicht wenig, als er so gedieh, daß wohl jede Mutter stolz auf den Buben gewesen wäre. Dann, als ich ihn nicht mehr tragen konnte, habe ich mit ihm gespielt, und ihn das Bischen gelehrt, was ich selber gelernt, und so sind wir zusammen gewesen Tag und Nacht, und es hat kein böses Wort zwischen uns gegeben, ob er gleich wild und unbändig war, wie ein junger Bär. Da hatte er nun freilich dem Vater gegenüber einen schweren Stand, der selbst sehr heftig und manchmal jähzornig war, und als sie sich einmal wieder vereinigt und der Vater sogar die Hand erhoben gegen den elfjährigen Buben, der tapfer und stolz war, wie ein Mann, ist er fortgelaufen in den Wald, und nicht wieder gekommen, daß wir glaubten, er habe sich das Leben genommen, oder sei von den Bären zerrissen. Derweilen steckte mein Musjö hinten am Oneida=See bei den Indianern, und ließ nichts von sich sehen und hören drei volle Jahre lang, bis ein paar Tage nach des Vaters Tode er plötzlich in das Blockhaus trat, wo ich einsam und traurig saß. Ich erkannte ihn erst gar nicht, denn er war ein paar Köpfe größer geworden, und trug die indianische Tracht; aber er fiel mir um den Hals und weinte bitterlich und sagte: er habe durch einen Zufall gehört, daß der Vater auf den Tod liege, und sei drei Tage und drei Nächte immerfort gelaufen, um ihn noch einmal zu sehen; und mitten in seinem Weinen richtete er sich jäh empor und warf den Kopf in den Nacken und rief mit blitzenden Augen: Aber glaub' nur nicht, ich habe ihm vergeben, daß er mich schlug, und es thue mir leid, daß ich fortgelaufen bin. — So kam er wieder, wie er gegangen war: wild und stolz und im nächsten Augenblick weich und gut."

Lambert schwieg und sagte dann nach einer kleinen Pause: „Ich wollte, ich hätte Dir das Alles schon früher erzählt, Du würdest dann gestern weniger erschrocken gewesen sein."

„Und heute Morgen," sagte Katharine für sich.

„Sie nennen ihn hier nur den Indianer," fuhr Lambert fort; „und in mehr als einer Beziehung paßt ja der Name; wenigstens dürfte es wohl kein Indianer mit ihm aufnehmen in dem, worauf sie sich am meisten zu gute thun: Konrad schlägt sie in allen ihren Künsten; und dann liebt er die Jagd und den Wald und das schweifende Wesen, wie nur eine Rothhaut es kann. Aber sein Herz ist treu, wie lauter Gold, und darin ist er keine Rothhaut, die alle falsch sind wie das Irrlicht auf dem Sumpf. Und deshalb lieben sie ihn auch alle,

Alt und Jung, hier bei uns und am Mohawk und am Schoharie, und wo nur Deutsche angesiedelt sind, denn überall kommt er hin auf seinen Zügen und überall ist er willkommen, und die Leute schlafen ruhig, wenn er da ist, denn sie wissen, daß die beste Büchse in den Colo=nien sie beschützt."

Lamberts Augen leuchteten, als er so über den Bruder sprach. Plötzlich umwölkte sich seine Stirn.

"Wer weiß," fuhr er fort, "wie ganz anders es im vorigen Jahre gekommen wäre, hätten wir ihn hier ge=habt. Aber als Belletre losbrach mit den teuflischen Indianern und seinen Franzosen, die noch viel schlimmere Teufel sind, waren wir ganz unvorbereitet; wir hatten dem Indianer, der uns die Kunde brachte, nicht glauben wollen; Konrad würde wohl gewußt haben, was daran war und es bald herausgebracht haben; aber er steckte oben zwischen den Seen auf der Jagd, so fehlte uns sein Arm und seine Büchse! Und nun hat ein sonderbarer Zufall gewollt, daß sie hierher an den Canada=Creek gar nicht gekommen und unsere Häuser von der Zerstörung verschont geblieben sind. Das hat hernach böses Blut gegeben; und man hat gar von Verrätherei gemunkelt, trotzdem wir Alle auf den ersten Lärm hingeeilt waren und redlich das Unsere gethan haben. Ja, Konrad hat den Krieg auf seine eigene Faust fortgesetzt, er spricht nie darüber, aber ich denke, mancher Indianer, der am Morgen auf die Jagd zog, mag wohl am Abend ver=gebens am Lagerfeuer erwartet sein und ist bis heute nicht in seinen Wigwam zurückgekehrt."

Katharine überlief ein Schauder. Wie hatte der wilde

Mensch heute Morgen gesagt? „was mich betrifft, ich brauche für das Todtgeschossenwerden nicht zu sorgen!" — Entsetzlich! aber hatten sie nicht, als sie durch das Mohawk-Thal kamen, die Brandstätte mehr als eines Hauses gesehen, das nicht wieder aufgebaut wurde, weil sämmtliche Bewohner von den erbarmungslosen Feinden niedergemacht waren? Und wie manches einfache Holzkreuz mitten in der grünen Saat, am Wege, am Waldrande, hatte die Stelle bezeichnet, wo man den friedlichen Ackersmann, ein wehrloses Weib, ein spielendes Kind ruchlos erschlagen! Nein! nein! es war ein ehrlicher Kampf für Haus und Hof, für Leib und Leben! derselbe Kampf in anderer Form, der ihren alten guten Vater mit seiner ganzen Gemeinde aus Deutschland vertrieben! Da hatten sie sich ihrer grausamen, scham- und zuchtlosen Dränger nicht zu erwehren gewußt, als durch die Flucht über's Meer in diese Wildniß im fernsten Westen. Wohin jetzt noch fliehen, wenn derselbe Feind den armen Vertriebenen auch hier Leben und Freiheit nicht gönnte? Hier konnte man nicht mehr sagen: so laßt uns unsere Hütten abbrechen, und den Staub von unseren Füßen schütteln; hier hieß es: ausharren und kämpfen und siegen oder sterben! und nicht als leere Drohung trug der Landmann, wenn er an seine friedliche Arbeit ging, das Gewehr auf der Schulter.

„Ich wollte, ich wüßte auch mit der Büchse umzugehen," sagte Katharine.

„Wie Base Ursel," sagte Lambert lächelnd; „sie schießt so gut wie einer von uns, Konrad natürlich ausgenommen; und sie läßt ihre Büchse nie zu Hause! Da sind wir bei meinen Tannen."

Sie waren an einem Hochwald angelangt, dergleichen Katharine selbst auf der langen Reise noch nicht gesehen hatte. Wie die Säulen eines Domes schossen die Stämme machtvoll in die Höhe, und flochten oben ihre mächtigen Wipfel zu einem Gewölbe zusammen, durch dessen dunkle Bogen nur hier und da die rothen Sonnenstrahlen blitzten. Und durch die weiten Hallen zog der Morgenwind, der sich jetzt stärker erhoben hatte, leise anschwellend und in den Kronen verbrausend wie Meeresrauschen.

„Das ist, als ständ' es so seit dem ersten Schöpfungs=
tage," sagte Katharine.

„Und doch sind seine Tage gezählt," sagte Lambert; „in ein paar Jahren wird von ihm wenig mehr zu sehen sein. Mir selbst thut es leid um die schönen Bäume und jetzt doppelt leid, da Du sie so bewunderst; aber da ist nun freilich keine Rettung mehr. Sieh, hier fängt meine Arbeit an!"

Eine kleine Senkung, durch die ein Wässerchen nach dem Creek plätscherte, trennte diesen Wald von einem andern, der bereits im zweiten Jahre zur Theerberei=
tung bewirthschaftet war. Lambert zeigte und erklärte seiner Begleiterin, wie jeder Baum in vier den Him=
melsgegenden entsprechende Viertel getheilt war; wie man im Frühling, sobald der Saft in die Höhe gestie=
gen, am nördlichen Viertel, da wo die Sonne die ge=
ringste Kraft hat, den Terpentin herauszuziehen, zwei Fuß lang abschält; und im Herbste, ehe der Saft wie=
der abnimmt, das südliche Viertel, im nächsten Frühjahr das östliche, im folgenden Herbst das übrigbleibende, und wie dann der von Terpentin gesättigte obere Theil des

Baumes abgehauen und in Stücke gespalten wird, um behufs Zubereitung des Theers, in eigens dazu construirten Oefen, die er ihr später einmal zeigen wollte, verbrannt zu werden.

„Das sieht freilich nicht schön aus," sagte Lambert; „und gar weiterhin, wohin ich Dich nicht führen mag, wo die armen kahlen Stumpfe stehen, die nun so verdorren müssen. Das ist nicht anders. Man will leben, und wir hier, am Canada-Creek, haben nichts Anderes, oder doch kaum etwas Anderes, denn unser bischen Ackerwirthschaft ist nur für den nothwendigsten Bedarf und ebenso unser Viehstand, obgleich wir fruchtbaren Ackerboden und fettes Weideland die Fülle haben. Aber, was soll man thun, wenn man jeden Augenblick in Gefahr ist, die Felder verwüstet, die Heerde weggetrieben zu sehen? Unsere Tannen müssen sie uns schon stehen lassen, und unsere Oefen sind bald wieder aufgebaut; für die verbrannten Fässer und sonstigen Utensilien machen wir uns neue. Da war es denn für uns eine Lebensfrage, als in diesem Winter Mr. Albert Livingstone uns auf das Thal einschränken wollte und die Wälder auf den Höhen für sich beanspruchte, trotzdem wir doch Thal und Wald erst von den Indianern und hernach von der Regierung noch einmal gekauft hatten. Aber das Alles habe ich Dir ja auf der Reise oft genug erzählt und Du hast geduldig genug zugehört und Dich gefreut, daß der Handel jetzt zu unsern Gunsten geschlichtet ist, Gott sei Dank!"

„Und Deiner treuen Sorge," sagte Katharine. „Du hast es Dir sauer genug werden lassen müssen auf der

langen beschwerlichen Reise, und damit Du doch nicht
leer zurückgingst, nachdem Du die alte Sorge los ge=
worden, mit mir armem, hülflosen Mädchen gleich eine
neue aufgeladen."

„Soll ich es leugnen?" erwiederte Lambert; „ja,
Katharine, es ist mir mit Dir eine neue Sorge gekom=
men, Du weißt, welche ich meine: ob ich nicht unrecht
that, Dich mit hierher zu führen, wo das Leben eines
Jeden in täglicher, ja stündlicher Gefahr ist. Das habe
ich Dir freilich nicht verheimlicht, weil ich wohl fühlte,
daß Du davor nicht zurückschrecken würdest; aber —"

„Dann quäle Dich nicht weiter darüber," sagte
Katharine; „oder glaubst Du, daß Du Dich in mir ge=
täuscht hast?"

„Nein," erwiederte Lambert; „nur ist mir, seitdem
wir nun wirklich hier sind, als hätte ich es Dir doch
noch bringender vorstellen sollen. So mache ich mir auch
einen Vorwurf daraus, daß ich Konrad heute Morgen
weggelassen habe, ohne ihn vorher über die Kunde, die
er sicher vom Feinde hat, näher auszufragen. Er ist zu
sorglos, um sich dergleichen zu Herzen zu nehmen; ich
sollte verständiger sein."

„Verständiger, aber nicht weniger muthvoll," sagte
Katharine; „und müßte ich wirklich glauben, daß meine
Gegenwart Dir den frischen Muth raubte, wie könnte
ich es mir je vergeben, mit Dir gezogen zu sein! Nein,
Lambert, so unrecht darfst Du mir nicht thun; ich werde
auch die Büchse führen lernen, wie Base Ursel. Warum
lachst Du?"

„Ich kann mir Dich und die gute Alte nicht zusammen denken, ohne zu lachen," sagte Lambert.

„Vielleicht werde ich auch einmal alt, und hoffentlich auch gut," sagte Katharine, „da würde ich es den bösen, jungen Leuten sehr übel nehmen, wenn sie über mich lachen wollten."

„Du, alt!" sagte Lambert und schüttelte den Kopf; „Du, alt! das kann ich mir so wenig vorstellen, als wie der Bach es anfangen müßte, wollte er hier die Felsen hinauf fließen."

Sie waren eben zwischen den Stämmen hervor an den Creek gelangt, und schritten an dem Rande hin, wo in den braunen Schlamm des Ufers Bisons und Hirsche ihre mächtigen Fährten eingedrückt hatten. Es war dem Bache nicht so leicht gemacht hier im Walde, wie unten in der Ebene. Bald hemmte ein mit jahrhundertaltem Moose übersponnener Felsblock seinen Lauf, bald ein gewaltiger Baumstamm, der quer darüber gefallen war und sein dürres Gezweig in das braune Wasser streckte. Eine kleine Strecke weiter hinauf hatte er sich sogar einen Weg durch die Felsen bahnen müssen, über die er jetzt in unzähligen, weißschäumenden Cascaden herabhüpfte. Von der Stelle, wo die Beiden standen, sah man noch eben ein Stück des Falls, wie die flatternden Zipfel eines weißen Gewandes: auch das Brausen war durch die Entfernung gemildert und klang wundervoll zusammen mit dem Rauschen des Morgenwindes in den majestätischen Wipfeln. Sonst schwermüthige Urwaldsstille rings umher, die das gelegentliche Vorüberflattern einer Schaar von Tauben, das Hacken des Baumspechts, das Krächzen eines Raben, das Zirpen eines Vögelchens hoch oben in den Zweigen oder das Pfeifen eines Eichkätzchens nur noch stiller zu machen schien. Weiche duftige Schatten füllten rings den Wald, aber in der Halle über dem Bache floß eine goldige Dämmerung, aus Licht und Schatten zauberhaft gewoben, und wie verklärt erschien in diesem Zauberlicht dem Liebenden die Geliebte. Er konnte den Blick nicht von ihr wenden, wie er jetzt halb zu ihren Füßen im weichen Moose saß. Ihr reiches, dunkles Haar, das wie ein Kranz den edelgeformten Kopf umgab, die schön geschweiften Brauen, die langen seidenen Wimpern, das süße Gesicht, die himmlische Gestalt — ach, es hatte sich das ja Alles auf der langen Reise so fest eingeprägt, und jetzt war ihm, als habe er nie gewußt, als sähe er jetzt zum ersten Male, daß sie so schön sei, so wunderschön! Und auch ihre dunklen Wimpern hoben sich und ihr Blick streifte die blauen Augen, die ihr nie so tief, so leuchtend geglänzt hatten und wandte sich schüchtern ab und kehrte kühner wieder und wieder, und konnte sich nicht mehr losmachen, denn aus der blauen Tiefe leuchtete es und glänzte es so wunderbar, daß ihr das Herz still stand in der Brust, und sie sich plötzlich erhob, um es wieder schlagen zu fühlen an dem Herzen des geliebten Mannes, der sie in seinen Armen umschlungen hielt.

Und dann ließen sie sich los, und griffen wieder Einer nach des Andern Händen, und sanken sich wieder in die Arme, und tauschten heiße Küsse und heiße Schwüre, und lachten und weinten, und sagten, daß sie einander geliebt hätten vom ersten Augenblick, und daß sie einander lieben wollten bis zum letzten.

Plötzlich bebte Katharine zurück: "Und Konrad!" rief sie, "o mein Gott, Lambert, was fangen wir an!"

"Was hast Du, mein Mädchen?" fragte Lambert, indem er die Geliebte wieder an sich zu ziehen versuchte.

"Nein, nein," sagte Katharine; "das muß erst geschlichtet sein; o, warum habe ich es Dir nicht gesagt! aber wie konnte ich das, wie konnte ich Dir vorher davon sagen! nun freilich muß ich sprechen, wenn es auch zu spät ist."

Und sie erzählte Lambert, ohne Zaudern, und doch beklommen, die sonderbaren Reden, welche Konrad heute Morgen geführt, und wie wunderlich sein Betragen und wie drohend sein Aussehen gewesen. "Ich glaube sein Lachen noch immer zu hören," sagte sie zuletzt; "großer Gott, da ist er!"

Und sie deutete mit zitternder Hand den Bach aufwärts, nach der Stelle, wo zwischen dem dunklen Unterholz der Schaumstreifen des Wasserfalls flatterte.

"Wer?" fragte Lambert.

"Konrad, mir däucht, ich habe ihn eben durch die Stämme schlüpfen sehen."

Lambert schüttelte den Kopf.

"So würde er noch da sein," sagte er; "es war ein Hirsch, der zur Quelle wollte. — Wahrlich, Du ängstigst Dich umsonst. Ich glaube wohl, daß der Junge mein schönes Mädchen schön findet; aber lieben, wie ich Dich liebe, das kann er nicht; und hernach wird er glücklich sein, wenn er mich glücklich sieht."

„Aber jetzt habe ich sicher eine Menschenstimme gehört," rief Katharine.

„Diesmal auch ich," sagte Lambert; „aber das kam von dorther, den Creek herauf. Horch!"

„He, holla, holla! he, ho!" klang es jetzt; Katharine konnte noch nicht unterscheiden, ob die laute Stimme einem Manne oder einer Frau gehörte.

„Das ist Base Ursel!" sagte Lambert, „wie kommt die jetzt hierher?"

Ein dunkler Schatten flog über sein gutes Gesicht, der aber sofort schwand, als Katharine ihm einen herzlichen Kuß auf die Lippe drückte und sagte: „Schnell, Lambert, und nun wollen wir der Base entgegengehen und laß Dir nichts merken, Lambert, hörst Du?"

„Da ist sie schon," sagte Lambert, halb ärgerlich, halb lachend, als jetzt eine große Gestalt, deren Kleidung das seltsamste Gemisch aus Frauenkleidung und Männeranzug war, und die eine Büchse jägerartig auf der Schulter trug, sich durch die Büsche arbeitete und schnell auf das Paar zukam.

Sechstes Capitel.

„So!" sagte Base Ursel, „da wäre ja der Musjö!"

Sie war stehen geblieben, hatte die Büchse von der Schulter genommen und starrte mit den großen, runden Augen auf die Herankommenden, wie ein Raubthier auf die sich nähernde Beute.

„Gott zum Gruß, Base," sagte Lambert, mit ausgestreckter Hand die alte Freundin begrüßend, „es ist lange her, daß wir uns nicht gesehen."

„Und hätte noch lange währen können, wenn es auf den Musjö angekommen wäre," erwiederte Base Ursel; „aber freilich zuerst muß man seine Tannen besuchen, die Verwandten und Freunde kommen später. Ein Glück, daß Base Ursel ihre Leute kennt, sie hätte sonst lange nach dem Musjö suchen können."

Sie warf das Gewehr mit einem kräftigen Ruck über die Schulter, drehte sich kurz auf den Hacken ihrer plumpen Männerstiefel um, und begann den Pfad längst des Baches, den sie gekommen war, zurückzuschreiten. Sie hatte Lamberts Begrüßung kaum erwiedert, und Katharine scheinbar gar nicht beachtet.

„Woher wißt Ihr, daß ich zurück bin?" fragte Lambert.

„Von Ihm nicht, Musjö!" erwiederte Base Ursel.

„Wie geht es dem Ohm, Base?"

„Wie immer."

„Und Ihr habt Euch meiner Wirthschaft so wacker angenommen —"

„Man muß ja wohl, wenn die Herren im Lande herumvagiren."

„Ich bin nicht aus freien Stücken und nicht blos um meinetwillen so lange fortgewesen, Base; Ihr wißt es wohl. Auch war die Reise nicht vergeblich. Das Geschäft, wegen dessen ich in New=York war, ist so geordnet, daß Ihr und die Andern zufrieden sein dürft."

„So!" sagte Base Ursel.

„Und habe Euch außerdem eine junge Freundin mitgebracht, die Ihr lieb haben werdet, wie sie es verdient; und der Ihr Euch freundlich annehmen wollt, wie Ihr Euch Aller annehmt, die Eurer Hülfe bedürfen."

„So!" sagte Base Ursel.

Der Pfad war so schmal, daß sie hintereinander gehen mußten; Ursel wandte sich nicht um, aber Lambert that es jetzt und er sah, daß Katharine bleich war und ihr die Thränen in den Augen standen. Der Anblick schnitt ihm in's Herz: hatte er doch noch eben das schöne Gesicht so strahlend von Glück gesehen! „Sei guten Muthes, mein Mädchen," sagte er leise; „sie meint es nicht bös."

Katharine versuchte durch ihre Thränen hindurch zu lächeln und nickte, als wollte sie sagen: „Laß nur, ich bin Alles zufrieden, da Du mich liebst."

„Lambert!" rief Ursel, die immer rüstig weiter schritt, „komm Er einmal hierher!"

„Geh nur!" flüsterte Katharine; „aber um Gotteswillen sage ihr nichts, ich könnte es nicht ertragen."

Der junge Mann riß sich mit einem gewaltsamen Entschluß los, und eilte Ursel Dittmar nach, die er bald eingeholt hatte.

„Komm' Er hier an meine Seite," sagte Base Ursel, „der Weg ist breit genug. Er braucht nicht mehr hinter mir her zu trobbeln."

Lambert that, wie ihm die Base geheißen: Base Ursel duldete keinen Widerspruch und Lambert hatte sie von Jugend auf wie eine zweite Mutter verehrt. Dennoch konnte er sich nicht enthalten, mit leisem Vorwurf

zu sagen: „Ihr seid sehr rauh gegen das arme Mäd=
chen, Base."

„So!" sagte die Dame, „meint Er? Es ist natür=
lich ungeheuer wichtig für mich alte Person, zu wissen,
was so ein Guck in die Welt meint. Na, und da darf
ich Ihm ja auch wohl meine Meinung sagen: Er hat
einen Narrenstreich begangen, Musjö, hört Er! einen
ganz buntscheckigen Narrenstreich, als Er sich in einer
solchen Zeit ein Frauenzimmer aufhalf'te; hätte Er uns
doch dafür ein halbes Dutzend Mannsleute mitgebracht,
die könnten wir wahrlich besser brauchen."

„Aber, Base Ursel," sagte der junge Mann, „hört
doch nur erst —"

„Ich will nicht hören; ich brauche nicht zu hören,"
unterbrach ihn Base Ursel; „ich kenne die ganze Ge=
schichte, als ob ich von Anfang an dabei gewesen wäre;
verhungerte Armesünder, die alle aussehen, als hätten
sie schon vier Wochen lang Gespenster gespielt, freilich!
es ist eine Sünde und Schande und der Böse vergelte
es den gierigen Spitzbuben und Neuholländern und
gieße ihnen geschmolzenes Gold in den unersättlichen
Schlund! Aber weit davon ist gut für den Schuß!
Was hatte Er dabei zu stehen und zu gaffen, wenn Er
doch mußte, daß Er so ein Butterherz in der Brust hat?
Nun hat Er die Bescheerung! Was soll daraus werden?
Er will das Frauenzimmer heirathen, natürlich! Und
dann? dann erscheint jedes Jahr ein schreiender Balg,
bis es ihrer viere sind oder fünf, und beim fünften stirbt
das arme Geschöpf und Base Ursel kann dann die junge
Brut zu sich nehmen und großziehen. Aber ich sage Ihm:

Daraus wird nichts, ein für alle Male nichts. Ich lasse mich nicht darauf ein und wenn er mir für jedes Kind eine Tonne Gold böte."

Base Ursel hatte sich in eine solche Aufregung hineingesprochen und erhob die kräftige Stimme so laut, daß Lambert froh war, als er, sich umwendend, Katharine schon in größerer Entfernung erblickte, wie sie, gesenkten Hauptes und manchmal eine Waldblume pflückend, langsam folgte.

"Wie Ihr nur so reden könnt, Base!" sagte Lambert.

"Euch freilich wäre es lieber, wenn ich Euch nach dem Munde redete, und Ja und Amen zu Allem sagte, was Eure dummen Köpfe bereits ausgeheckt haben und noch aushecken werden. Uebrigens habe ich mit Ihm gar kein Mitleid, Musjö! Er hat sich die Suppe eingebrockt, Er kann sie ausessen. Die arme Person! In die Welt hinausgestoßen zu sein, nackt und bloß, so zu sagen, und dabei mit solchen Augen, gerade wie Seine Mutter selig, in die sich alle Mannsleute vergafften! Das ist an sich schon ein himmelschreiendes Unglück; ich weiß auch ein Lied davon zu singen. Was lacht Er, Er Grünspecht! Glaubt Er, weil ich jetzt in meinem siebenundfünfzigsten Jahre nicht mehr so schlank bin wie eine Weidengerte und so glatt wie ein Aal, ich habe mit siebzehn Jahren den Mannsleuten die Köpfe nicht verrücken können? Da kommt Er schön an! Ich sage Ihm: wie närrisch waren sie; was freilich so viel nicht heißen will, denn das sind sie alle Wege; aber an jedem Finger hatte ich ein halbes Dutzend und Sein Frauenzimmer hat vorläufig denn doch erst zwei."

„Aber ich verstehe Euch wahrlich nicht, Base;" sagte Lambert; dessen Unruhe, je länger jene in ihrer sonderbaren Weise redete, nur immer zugenommen hatte.

„Nun denn, so will ich deutlich reden;" sagte Ursel, nachdem sie sich schnell nach Katharine umgesehen. „Heute Morgen — ich war eben dabei, mein Heu zu rechen — kommt Sein Bruder mit einem Satz über die Hecke, daß ich in der ersten Ueberraschung ihm beinahe eins auf den Pelz gebrannt hätte, und sieht auch wirklich aus zum Entsetzen, verstört und wild, und fängt an zu reden die Kreuz und die Quer, daß kein Mensch b'raus klug geworden wäre außer mir, die ich ihn kenne von Kindesbeinen: er müsse sich todtschießen, denn Ihr Beide könntet sie doch nicht heirathen, und was dergleichen Narrenspossen mehr waren, die alle darauf hinausliefen, daß er toll und blind in das Mädel verliebt ist."

Lambert war erschrocken, als er jetzt aus Base Ursels Munde hörte, was ihm Katharine selbst erst vor wenigen Minuten mitgetheilt hatte. So war die schlimme Laune also nicht, wie er gehofft, verflogen mit dem ersten Morgenwind, der über die Wangen des Jägers fächelte! Er hatte sie wenigstens bis zu Base Ursel getragen und —

„Ihr habt ihm doch den Kopf zurecht gesetzt, Base?" fragte Lambert laut.

„Setz' Er der Tanne da den Kopf zurecht," sagte Ursel, auf einen gewaltigen Baum deutend, dem ein Blitzstrahl die Krone zerschmettert hatte, so daß sie, kaum noch von der zähen Bastfaser gehalten, an dem Stamme herabhing. „Und dann Musjö, Er hat auch unrecht, weßhalb hat Er sein Versprechen nicht gehalten, und dem Jungen eine Frau mitgebracht, wie sich selber?"

„Ich habe nichts derartiges versprochen!" erwiederte Lambert lebhaft; „ich konnte unmöglich glauben, daß es Konrads Ernst war, als er mir, der ich schon das Thal hinabtrabte, nachrief: bringe uns Jedem eine Frau mit! Ich habe nicht wieder daran gedacht, selbst dann nicht, als der Himmel mich in den Weg der armen Verwaisten führte, und ich der von aller Welt Verlassenen bei mir einen Zufluchtsort bot. Ihr seht, Base, daß ich wahrlich unschuldig bin."

„So gieb ihm das Mädel?" sagte Ursel.

„Eher mein Leben!" sagte Lambert heftig.

„Das wollte ich nur wissen," sagte Ursel. „Ihr seid also einig! es ließ sich denken, es ließ sich denken! Und ich soll noch immer nicht recht haben, zu sagen: daß die Schönheit für uns Frauenzimmer ein Unglück ist, und für die Mannsleute, die sich d'rein vergaffen, nicht minder? Was hat das arme Geschöpf davon? nicht mehr als die Holztaube, die ich blutend auf dem Wege dicht bei Seinem Hause fand? was habt Ihr davon? just so viel wie die beiden Adler, die sich der Taube wegen das Fleisch vom Leibe rissen. Ach, das arme Frauenzimmer! das unglückselige Frauenzimmer!"

„Konrad wird Vernunft annehmen," sagte Lambert mit zitternder Lippe.

„Ich weiß nicht," erwiederte Ursel, den großen Kopf schüttelnd; „es kommt freilich manchmal vor, daß Manns= leute Vernunft annehmen, aber sie warten gewöhnlich damit, bis es zu spät ist. So wird es, fürchte ich), auch diesmal sein. Jetzt ist er in den Wald gelaufen und wird sich da, der Himmel weiß wie lange, herumtreiben, und das jetzt, wo wir keinen Mann entbehren können und am wenigsten ihn."

„Er wird uns nicht fehlen, wenn wir seiner bedürfen," sagte Lambert.

„Er hat uns im vorigen Jahre gefehlt und haben wir damals seiner etwa nicht bedurft? Aber so seid Ihr, und Ihr jungen Leute besonders! Ihr macht einen Jagdzug, oder haltet Wettrennen, oder tanzt Euch die Sohlen auf einer Hochzeit durch, und thut Alles, was Euch gefällt, und das Andere laßt Ihr gehen, wie's Gott gefällt. Wir haben's im vorigen Jahre gesehen! Was habe ich geredet und gepredigt, Euch zur Vorsicht zu ermahnen, nachdem ich sah, daß der General Abercrombie in Albany sich nicht rührte, und Ihr natürlich die Hände in den Schooß legtet! Ich habe tauben Ohren gepredigt! Hernach, als die scheußlichen Franzen hereinbrachen und gesengt und gebrannt und gemordet haben nach ihrer Herzen böser Lust — nun ja, da hat sich jeder seiner Haut gewehrt, wie er konnte, aber wieviel Häuser könnten jetzt noch stehen, wieviel Weiber und Kinder könnten heute noch zur lieben Sonne da aufblicken und den himmlischen Vater loben, wenn Ihr von Anfang an zusammengehalten hättet, wie es verständigen Männern geziemt! Und nun, Lambert, da steht mein Gaul, und ich wüßte Ihm auch nichts mehr zu sagen; so helfe Er sich denn selbst aus der Patsche und mir auf den Gaul, und, was das Frauenzimmer betrifft, so komme ich morgen wieder; oder Er kann es auch morgen zu mir bringen, ich werde es nicht beißen, habe Er keine Sorge! Für heute kann und mag ich nicht mehr bleiben. Behüt' Ihn Gott, Lambert, und grüß Er auch das Frauenzimmer. Wie heißt es denn nur?"

„Katharine Weise," sagte Lambert; „und sie ist eine Waise. Ihren Vater, der Prediger war und nur seinen Pfarrkindern zu Lieb' mit ausgewandert ist, hat sie verloren acht Tage bevor das Schiff vor New-York ankam."

„Katharine," sagte Ursel, „Katharine, du lieber himmlischer Vater, so wollte ich immer meine Tochter nennen, wenn ich jemals eine gehabt hätte. Meine beiden Großmütter selig hießen so! Na, dergleichen kommt vor; also grüß Er das Mädel, das übrigens eine ordentliche Person zu sein scheint; und behüt' Euch Gott, Lambert!"

Die Amazone ordnete ihre Kleider, was etwas schwer hielt, da sie nach Männerweise im Sattel saß, schnalzte mit der Zunge, gab ihrem Pferde einen kräftigen Hieb über den Hals, und trabte munter von dem Waldrande, wo sie zuletzt gestanden hatten, den Hügel hinab über die Wiesen, bis sie den Pfad erreichte, der bachabwärts zu den andern Farmhäusern führte.

Der junge Mann schaute der Forteilenden mit trüben Blicken nach und ein tiefer Seufzer entrang sich seiner Brust. Da hörte er hinter sich einen leichten Schritt; er wandte sich lebhaft um und breitete die Arme gegen die Geliebte aus. Aber Katharine schüttelte das schöne Haupt; ihre dunklen Augen, in denen noch die Spuren frisch geweinter Thränen glänzten, ruhten groß und forschend auf seinem Antlitz.

„Um Gotteswillen," rief Lambert; wie blickst Du

so eigen, Katharine! Was gehen uns die Andern an! Ich liebe Dich ja!"

„Und ich Dich!" sagte Katharine; „aber es muß doch geschehen!"

„Was muß geschehen, Katharine, geliebte Katharine!" rief Lambert.

„Komm," sagte das Mädchen, „laß uns hier niedersitzen und ruhig, recht ruhig mit einander sprechen."

Sie setzte sich auf den Stamm einer umgesunkenen Tanne und blickte sinnend vor sich hin.

Lambert hatte an ihrer Seite Platz genommen; er wagte nicht ihre Hand zu ergreifen. Er wollte reden; aber bevor er noch das rechte Wort finden konnte, hob Katharine die Augen auf und sagte:

„Sieh, Lambert, was Du an mir armem Mädchen gethan, das ist so viel und so schön, und ich konnte nicht anders thun, als Dir das Einzige geben, was ich habe: mein Einziges und mein Alles, und Dich lieben mit allen Kräften meiner Seele und mit jedem Blutstropfen in meinem Herzen. Ich konnte nicht anders und ich will nicht anders, und so wird es sein, so lange ich lebe und über das Leben hinaus in alle Ewigkeit. Aber, Lambert, es war nicht recht von mir, daß ich zu dem Vielen und Schönen, das Du mir gegeben, nun auch noch Deine Liebe nahm. Ich fühlte es von dem ersten Tage an und ich habe versucht, Dich meine Liebe nicht merken zu lassen, und ich darf jetzt sagen: es ist mir schwer genug geworden."

Katharine's Stimme zitterte, aber sie hielt die

Thränen, die ihr aus den Augen brechen wollten, zurück und fuhr also fort:

„Ich fühlte es von Anfang an und tausend und tausendmal habe ich mir gesagt und gelobt: ich will seine Magd sein und ihm dienen und seinen Eltern und Geschwistern, und wenn er dereinst eine Gattin heimführt, auch der und seinen Kindern; und so helfen, was ich kann, zu seinem Glück und Aller, die ihm nahe sind. Und als ich nun gestern erfuhr, daß Du keine Eltern mehr hattest, da bin ich geflohen, da habe ich fliehen wollen, weil mir eine dunkle Stimme, die ich jetzt erst recht verstehe, sagte, daß es kommen würde, wie es nun gekommen ist, und daß es so nicht kommen dürfe. Ich habe der Stimme meines Gewissens nicht gehorcht und die Strafe folgt auf dem Fuße. Dein Bruder grollt Dir — um meinethalben; Deine Base ist im Zorn von Dir geschieden — um meinethalben. Welch' ein schlechtes Mädchen müßte ich sein, könnte ich das ruhig mit ansehen! mit ansehen, wie ich Dich unglücklich mache, die ich mein Blut tropfenweise für Dich hingeben würde! Und deshalb muß es geschehen. Du hast mir erlaubt, zu gehen, wohin ich will; so will ich denn gehen, und Gott wird meine Schritte lenken."

Sie hatte sich bei diesen Worten erhoben, die Hände unter dem Busen gefaltet, bleich, die thränenlosen Augen in die Ferne gerichtet.

Da stand Lambert plötzlich vor ihr und ihre Augen trafen die seinen, die in einem wunderbar klaren, stetigen Licht erglänzten.

„Katharine!"

Mehr sagte er nicht; aber, so oder so, es war das rechte Wort, und es war der rechte Ton; ein inniger Ton voll sanften Vorwurfs und doch so fest, so treu! Und in dem Herzen des Mädchens hallte der Ton wieder: Katharine! und erfüllte ihre Seele mit süßer Wonne. Was sie eben geredet in dem bittern Gefühl ihres verletzten Stolzes, in der schmerzlichen Ueberzeugung, daß sie das eigene Glück dem Glücke des Geliebten unterordnen müsse — es war ja nur eitel Hauch wie des Windes Wehen oben durch die rauschenden Wipfel der Tannen und unten über die nickenden Grashalme der Wiese. Die Tannen stehen fest und die Gräser richten sich wieder auf und Alles ist, wie es vorher war. Ja, schöner, herrlicher denn vorher! Was war jetzt ihr Stolz, als eine kleine Gabe mehr, die sie dem Geliebten darbrachte, der nicht glücklich sein wollte, ohne sie, nur glücklich sein konnte mit ihr! Das sagte ihr Lambert wieder und wieder, und sie sagte ihm, daß Trennung von dem Geliebten und Tod für sie dasselbe sei, und daß sie nimmer wieder daran denken wolle, sondern nur, wie sie für ihn leben, wie sie mit ihm glücklich sein könne.

So saßen sie lange Zeit am Rande des Urwaldes im Schatten der ehrwürdigen Bäume, vor sich die sonnenbeglänzte Prairie mit den nickenden Blumen und Gräsern; einsam, weltverloren; im Flüsterton sprechend, als dürften es die bunten Schmetterlinge nicht hören, die sich über den Blumen wiegten und haschten, und wenn ein Vogel, der zufällig vorbeigeschwingt kam, einen Warnruf hervorstieß, selbst erschrocken zusammenfahrend, und dann selig lachend, daß sie allein waren und sich wieder in die Arme sinken und sich sagen durften, was sie schon hundertmal gesagt hatten, und doch zu sagen und zu hören nicht müde wurden.

Und dann schmiedeten sie Pläne für die Zukunft, weitschauende Pläne; wie sie im Herbst noch mindestens fünf Acker urbar machen, und das Kalb, das Base Ursel noch in Pflege hatte, jedenfalls selbst behalten müßten. Und ob es nicht das Beste wäre, in dem oberen Stock des Hauses, so weit er nicht als Vorraths= boden gebraucht würde, eine kleine Wohnung herzu= richten, wo dann freilich auch die Treppe neu gemacht werden mußte, die sehr schmal und steil war. Auch fehlte es noch an einem eigentlichen Garten, in welchem man Gemüse ziehen könnte, und Stachelbeeren und Johannisbeeren, auch eine Gaisblatt=Laube dürfe nicht fehlen, wie Katharine sie in dem väterlichen Garten in der Heimath gehabt; nur daß Lambert nicht ganz sicher war, ob er unter Gaisblatt dasselbe verstand wie Katharine.

Die höher steigende Sonne mahnte zur Heimkehr. Lambert mochte sich nicht von dem Walde trennen, in dessen Schatten ihm die ganze Fülle seiner Seligkeit offenbar worden; aber Katharine sagte: „Nein, Lambert, Du darfst um meinethalben nicht eine der Pflichten ver= säumen, die Dir obliegen; sonst haben ja Deine Freunde recht, wenn sie es für ein Unglück halten, daß Du Dich des armen Mädchens angenommen hast. Und so mußt Du noch heute zu Deinen Nachbarn reiten und sie be= grüßen. Sie würden es Dir übel deuten, thätest Du es nicht, und sie hätten ein Recht dazu. Du bist ihnen schuldig, von Deiner Reise zu berichten, die Du ja zu ihrem Besten nicht weniger, als in dem eigenen Interesse gemacht. Sie werden sich freuen, Dich wiederzusehen, und zu hören, daß Alles so gut abgelaufen ist."

„Und wo lasse ich Dich in der Zwischenzeit?" fragte Lambert, während sie jetzt langsam am Bache hin dem Hause zuschritten.

„Wo die Frau hingehört: zu Hause;" erwieberte Katharine.

„Ich ließe Dich nur ungern da;" sagte Lambert. „Ich glaube nicht, daß ich vor Abend zurück sein könnte, wenn ich mich auch noch so sehr beeilte. Es sind zwei Meilen bis zu Adam Bellinger, der zunächst am Ausflusse des Creek wohnt, und der letzte von uns Sechsen ist, die wir die Petition an den Gouverneur eingereicht haben. Und unterwegs müßte ich noch dreimal anhalten, oder viermal, denn ich würde dem alten Ohm Dittmar doch nicht vorbeireiten dürfen. Und so lange kann ich Dich unmöglich allein lassen, jetzt, wo die Franzosen sich wieder regen, und ich gar nicht einmal weiß, wie weit sie schon gekommen sind."

„Da ist guter Rath theuer," sagte Katharine, schelmisch lächelnd. „Du kannst mich doch auch nicht mitnehmen, heute, nachdem Du gestern einen großen Umweg gemacht hast, nur damit die Nachbarn nicht sehen sollten, welch' wunderliche Rarität Du von Deiner Reise mitgebracht."

„Und doch wird es nicht anders gehen," sagte Lambert, der die kleine Neckerei, die ihm einen Kuß eingetragen, leicht verschmerzte; „wenn auch nicht den ganzen Weg, so doch wenigstens bis zu Dittmars."

Katharine's dunkle Augenbrauen zogen sich etwas zusammen. „Du bist ganz sicher, daß ich dort wohl aufgenommen würde?" fragte sie leise.

„Ganz sicher," sagte Lambert eifrig; „um so sicherer, als die Base vorhin so unfreundlich gegen Dich gewesen ist. Wie ich sie kenne, hat sie jetzt keinen eifrigeren Wunsch, als das wieder gut zu machen. Glaub' mir, Katharine, ein braveres Herz als Base Ursels kann nicht gefunden werden, wenn sie auch das schwere Schicksal, das sie betroffen, ein wenig seltsam und ungeberdig gemacht hat."

„Erzähle mir das!" sagte Katharine.

„Es ist eine entsetzliche Geschichte," sagte Lambert, „und ich erzählte sie Dir lieber nicht, aber Du wirst anders über die Base denken, wenn Du sie erfahren hast, und so mag es sein.

„Es sind nun dreizehn Jahre her, im Jahre vierundvierzig, und ich war damals neunzehn, als zwischen den Engländern und Franzosen der Krieg losbrach, den sie den König-Georgs-Krieg nennen. Weder die Engländer, noch die Franzosen konnten viel Männer aufbieten und so mußten sie sich wohl auf die Indianer verlassen, die jede Partei auf alle Weise für sich zu gewinnen und gegen den Gegner zu hetzen suchte. Nun hatten die Engländer zwar ein Bündniß von altersher mit den sechs Nationen, aber jetzt fingen auch die an zu schwanken und sich den Franzosen zuzuneigen, die ihnen besser zu schmeicheln wußten. So fielen manche ab und machten offen oder heimlich gemeinschaftliche Sache mit unsern Feinden: die Unsicherheit nahm täglich zu: keiner war seines Lebens sicher. Wir Deutsche hier am Mohawk und besonders am Creek waren nun allerdings noch immer verschont geblieben, aber die Gefahr kam uns näher und näher, und damals war es, wo wir uns daran gewöhnten, mit der Büchse auf der Schulter an unsre Arbeit zu gehen, und wo der Vater unser Haus, das bis dahin ein offenes Blockhaus gewesen, mit mir und ein paar Schwarzen aus Virginien, die er zu dem Zwecke angeworben, so befestigte, wie es jetzt ist. Nikolaus Herckheimer am Mohawk und einige Andre folgten seinem Beispiel: die Meisten aber nahmen die Sache leichter und sagten: die Franzosen und Indianer sollten nur kommen, sie wollten ihnen schon die Wege weisen und sie mit blutigen Köpfen heimschicken. Darüber geriethen sie in Streit und Unfrieden mit dem alten Ohm Dittmar, der immer voll von Wuth und grimmem Haß gegen die Franzosen war, die er schon drüben kennen gelernt und die seine Eltern schon dort von Haus und Hof gebrannt und getrieben hatten. Er meinte, wenn wir warten wollten, bis die Franzosen zu uns kämen, sei es alle Wege zu spät. Es sei eine Schande, daß nur Jeder an sich selbst denke. Alle müßten sich zusammenthun, hier und am Mohawk und am Schoharie, und wo nur immer Deutsche säßen, und müßte keiner zu Hause bleiben, der eine Büchse abschießen könne, und so sollten wir den Franzosen entgegengehen und ihnen auf ihrem eigenen Gebiet heimzahlen, was sie früher und später an uns verübt. Der

alte Mann hatte vielleicht Recht, aber es hörte Keiner
auf ihn. So kam das Jahr sechsundvierzig, wo die
Franzosen mit ihren Indianern durch's Mohawk-Thal
bis nach Albany und Shenectady vordrangen, und zer=
störten und raubten, was sie fanden, und tödteten und
scalpirten, was ihnen in den Weg kam und jeden nur
denkbaren Gräuel verübten. Da hielt es den Ohm nicht
länger. Er zog aus mit seinen vier Söhnen, meinen
Vettern, von denen der älteste sechsundzwanzig und der
jüngste neunzehn war, und Base Ursel wollte nicht zu
Hause bleiben, und ist, die Büchse auf der Schulter,
wie Du sie vorhin gesehen, mitgezogen, und haben auf
ihre eigene Faust Krieg geführt, und viele Franzosen
und Indianer getödtet, bis sie eines Tages, als sie in
einem kleinen Gebüsch auf offener Prairie Rast gemacht,
unversehens von allen Seiten überlaufen sind. Da hat
die Base ihre Söhne, einen nach dem andern, fallen
sehen, während sie nur immer die Gewehre lud, und
zuletzt ist der alte Dittmar auch von einem Streifschuß
getroffen und für todt ihr vor die Füße gesunken. Und
Base Ursel hat das Gewehr, das sie eben geladen, noch
einmal abgeschossen und einen Franzosen niedergestreckt,
und hat's beim Lauf ergriffen und ist mit hochgeschwun=
genem Kolben aus dem Gebüsch herausgestürzt und hat
um sich geschlagen, daß selbst die Indianer vor Ver=
wunderung über so viel Tapferkeit sie nicht haben tödten
mögen, und sie überwältigt und geknebelt und als Ge=
fangene mit sich geschleppt haben, und ebenso den Ohm,
der noch Lebenszeichen von sich gegeben, als ein In=
dianer ihm die Kopfhaut schon halb abgezogen hatte.

Vielleicht hat man sie auch nur zu einem spätern qual=
vollen Tode aufsparen wollen, aber so weit ist es denn,
Gott sei Dank, nicht gekommen, da der Trupp, der sie
mit sich geführt, wieder seinerseits von einem andern
Stamm, der es mit den Engländern hielt, überfallen
und bis auf den letzten Mann niedergemacht ist. So
kam denn die Base nach ein paar Monaten wieder, ihrer
stattlichen Söhne beraubt, mit ihrem Manne, der seiner
Sinne nie wieder ganz mächtig geworden, und Wochen
und Monate, ohne ein Wort zu sprechen, so hinlebt,
wenn er auch seine Arbeit verrichtet, wie ein Anderer."

Lambert schwieg; Katharine nahm seine Hand, die
sie zärtlich drückte und fest hielt.

So gingen sie Hand in Hand am Bache hin, hier
und da ein Sommerentenpaar aufscheuchend, das aus
dem Röhricht hervorbrach und pfeilschnell waldwärts
strich. In dem kristallklaren Wasser sprangen die Fische,
die Binsen flüsterten, die Blumen und Gräser auf der
Prairie nickten in dem lauen Wind, die Sonne schien
goldig herab, aber den Beiden war, als wäre ein
Schleier über den hellen Frühlingsmorgen gefallen.

„Ich wollte, ich hätte Dir das nicht erzählt, gerade
heute nicht," sagte Lambert.

„Und ich danke Dir, daß Du es gethan," sagte
Katharine; „es würde zuviel der Seligkeit sein, wäre
unser Glück ohne allen Schatten. Und hast Du mich
nicht gefunden, hilflos, verlassen, bettelarm, von Sorge
und Gram zu Boden gedrückt, und Dich keinen Augen=
blick besonnen, und Deine Hand ausgestreckt, mich aus
dem Staube aufzulesen? so will ich sie festhalten Deine

liebe Hand, und Dir die Sorgen und die Last des Lebens tragen helfen, und mit Dir in den Kampf gehen, wenn es sein muß, wie es die gute Base Dittmar gethan hat, die Gott für ihre Bravheit segnen möge, und der ich das Unrecht, das ich ihr im Herzen gethan, von Herzen abbitte. Jetzt kann ich mir denken, weshalb sie, die so Ungeheures erfahren, nicht, wie sonst wohl gute Menschen, sich über ein Glück, das vor ihren Augen sich entfaltet, von Herzen freuen kann. Die Arme! sie glaubt nicht mehr an Glück!"

„Vielleicht ist es noch etwas Anderes", sagte Lambert nachdenklich, und fuhr nach einer kleinen Pause fort: „sieh, Katharine, ich liebe Dich so sehr und habe so lange geschwiegen, daß ich Dir nun Alles und Alles sagen möchte, was durch meine Seele geht. So will ich Dir auch das noch sagen. Ich weiß es nicht, aber ich glaube, die Base sähe es lieber, wenn Konrad an meiner Stelle wäre. Sie hat es nie vergessen, daß sie den Jungen als kleines hilfloses Geschöpf auf ihren Armen getragen und sie hat ihn immer geliebt, als wäre sie seine Mutter gewesen. So hat auch Konrad an ihr gehangen und um der Dittmars Willen ist der Streit ausgebrochen zwischen Konrad und unserem Vater, da Konrad durchaus mit den Dittmars ziehen wollte, und der Vater es dem elfjährigen Jungen verbot. Und hat doch derselbe Indianerstamm, zu welchem Konrad geflohen war, die Dittmars errettet; ja, ich glaube, er ist selbst dabei gewesen. Doch ich weiß es nicht; denn er hat nie ein Sterbenswort darüber gesprochen, und auch die Base nicht, der er es wohl verboten haben mag. Das Alles hat ihm die Base nicht vergessen."

„Und soll es auch nicht," erwiederte Katharine lebhaft. „Sieh, Lambert, jetzt, da wir uns ehrlich gesagt haben, daß wir uns lieben, ist mir gar nicht mehr so bänglich um's Herz. Wir müssen nun auch gegen die Andern ebenso ehrlich sein. Die Base weiß es, sagst Du, und sie wird sich darein finden; so muß es auch Konrad wissen, und er wird Dir nicht länger zürnen. Es klingt vielleicht ein wenig keck, aber wenn ich ihm wirklich gefalle — laß mich nur machen, Lambert; ich will Dir den jungen Bären schon zähmen."

Lambert schüttelte den Kopf, und mußte doch auch wieder lächeln, wie er jetzt in das Antlitz der Geliebten schaute, das wieder wie vorhin von Heiterkeit erglänzte. Ja, ja, wer könnte ihr widerstehen! wer sollte nicht gern und willig thun, was sie wollte!

Sie waren bei dem Blockhause angelangt und traten, Hand in Hand, durch die offene Thür. Lambert schaute so verwundert in dem Raum umher, als sähe er denselben zum ersten Male. Und in der That hatte er ihn nie so gesehen. Da hingen und standen auf den Regalen um den Heerd schmuck und blank die Kessel und Töpfe und Krüge, die sonst immer wirr durcheinanderfuhren; auf dem Heerd selbst glimmten unter der Asche die Kohlen, die nur entfacht zu werden brauchten; sorgsam geschichtet lag das Brennholz daneben. Der Tisch war tadellos gescheuert, die Stühle ordentlich herangerückt, die Dielen mit weißem Sand bestreut. Die Jagd- und Fischgeräthe hingen wie zum Schmuck an der Wand;

der kleine Spiegel, der sonst verstäubt und verblindet in einer dunklen Ecke lehnte, hatte eine schickliche Stelle gefunden zwischen den Silhouetten der Eltern, die mit einfachen Kränzen umwunden waren.

„Du Beste!" sagte Lambert, indem er die Geliebte voll Rührung in die Arme schloß; „Du wirst unser Aller guter Engel sein."

„Dazu helfe mir Gott!" erwiederte Katharine, „und nun, Lambert, müssen wir an unsere Obliegenheiten denken. Während Du gehst und den Hans fütterst, mache ich unser Mittag zurecht und nach Tische brechen wir auf; denn ich nehme an, daß Du mich mitnimmst. Und nun, nicht länger geplaubert; wir haben schon zu viel Zeit vertändelt."

Sie trieb den Geliebten unter Küssen und Schelten hinaus und wandte sich dann zu ihrer Arbeit, die sie munter förderte, ob sie gleich manchmal die Hände auf's Herz drücken mußte, das für Glück und Seligkeit schier zerspringen wollte. Wohin sie blickte — überall schwebte vor ihrem inneren Blick das Bild des Geliebten; die treuen, guten, schwermüthigen Augen, das braune Gesicht mit den schönen, reinen Zügen, die kräftige Gestalt, die sich so ruhig sicher bewegte! Und durch das Knistern des Feuers, durch das ernsthafte, gleichmäßige Tiktak der alten Schwarzwälder Uhr — immer glaubte sie seine tiefe, freundliche Stimme zu hören; und sie wiederholte im Geiste die Worte, die er zu ihr gesprochen, und schauderte vor Wonne, wie ihr Name von seinen Lippen klang: Katharine! So hatte man sie ja immer gerufen: der Vater, die Freunde, die Nachbarn, alle Welt, und doch war ihr, als hätte sie nie ihren Namen gehört, als habe sie heute erst den Namen empfangen: Katharine!

Ach! es war ja Alles so ganz anders, und so viel schöner gekommen, als sie je gehofft! Wie verzweifelt hatte sie mit starren Augen, die schon zu weinen verlernt hatten, vom Bord des Marterschiffes auf das Land geschaut, das ihr nun nichts mehr bringen konnte, nur entsetzliches, unausdenkbares Elend! Wie unglücklich hatte sie sich noch gestern bei der Ankunft, noch heute Morgen gefühlt! Und jetzt! durfte sie denn wirklich glücklich sein! so glücklich, daß ihr der liebe, todte Vater selbst, wenn er noch lebte, nichts Besseres, nichts Schöneres hätte wünschen können!

Katharine beugte ihr Haupt und faltete betend die Hände, und schaute mit verklärtem Blicke auf: „Ja", sagte sie leise vor sich hin: „er würde unsern Bund gesegnet haben mit seinem väterlichen und priesterlichen Segen. Ich darf mich die Seine nennen vor den Menschen, wie ich es bin vor Gott und in meinem Herzen. Und wenn kein Freund da ist, sich mit uns zu freuen, und keine Freundin, mir Glück zu wünschen — ich bin darum nicht weniger die Seine, er ist darum nicht weniger mein. Aber ich will mir alle Welt zu Freunden machen: die wunderliche Alte und den wilden Konrad. Ich fürchte mich jetzt vor Niemand mehr und vor Nichts."

So sprach Katharine bei sich, während sie den Tisch deckte und schrak doch zusammen, als sich ganz plötzlich Pferdegetrappel vor dem Hause vernehmen ließ und eine fremde Männerstimme laut: „He holla, Lambert Sternberg!" rief.

Zitternd legte sie die Teller nieder und trat in die Thür, nach dem Rufer zu sehen, der abermals sein: „He, holla, Lambert!" erschallen ließ.

—.

Siebentes Capitel.

Vor dem Hause hielt auf einem hochbeinigen, mageren Gaul, dessen fliegende Weichen und müde herabhängender Kopf auf einen langen und schnellen Ritt schließen ließen, ein junger Mann, welcher den zum Rufen geöffneten übergroßen Mund bei dem Erscheinen Katharine's zuzumachen vergaß. Das lange, semmelblonde Haar hing in nassen Strähnen unter dem großen, dreieckigen Hut auf die schmalen Schultern; der Schweiß lief über sein mit Sommersprossen übersätes langes bleiches Gesicht, und die nicht eben klugen wasserblauen Augen hatten einen so ängstlichen Ausdruck, daß Katharine erschrocken rief:

„Um Gott, was giebt es?"

„Wo ist er?" lallte der auf dem Pferde, und ließ seine Augen nach allen Himmelsrichtungen umherschweifen.

„Du suchst Lambert Sternberg?" sagte Katharine.

Der Reiter nickte.

„Ich will ihn rufen; steig unterdeß ab und ruh' Dich einen Augenblick aus; ich komme bald zurück;" sagte Katharine.

Der Reiter that sofort, wie ihn das junge Mädchen

geheißen. Er kletterte mühsam aus dem hohen Sattel und band das Pferd an den eisernen Ring. Katharine wandte sich eilends zu gehen, da kam Lambert um das Haus herum. Er führte den Hans am Halfter, und rief, als er den Reiter erblickte: „Gott zum Gruß, Adam Bellinger! ei, was bringt Dich hierher!"

„Die Franzosen sind da!" erwiederte Adam.

Lambert stutzte, und sein Blick flog zu Katharine, die ihrerseits die großen Augen fragend auf ihn gerichtet hielt.

„Was soll das heißen?" sagte Lambert; „wo sind sie? was weißt Du, Adam? zum Tausend, Mann, rede!"

„Ich weiß nichts," sagte Adam; „der Vater hat mich geschickt."

„Wozu? was soll's"

„Ich war auf dem Felde," sagte Adam; „da kam der Vater herzugelaufen, ich solle die Liese ausspannen und satteln, und der Herckheimer sei eben da gewesen und die Franzosen seien im Anmarsch, und ich soll es überall ansagen und heute Nachmittag sollten Alle nach seinem Hause kommen und wollten da Rath halten, was zu thun sei."

„Nun, so kann es auch noch so schlimm nicht stehen," sagte Lambert, aufathmend. „Der Herckheimer ist ein verständiger Mann und würde uns nicht auffordern, nach seinem Hause zu kommen, wenn die Gefahr für unsere eigenen Häuser so gar dringend wäre. Aber wie hattest Du erfahren, daß ich zurück bin?"

„Ich war bei Base Ursel, die hat mich hergeschickt, und läßt Dir sagen, sie ginge auch zur Versammlung und wenn Du das junge Frauenzimmer, das ja wohl Deine Braut ist, nicht allein lassen wolltest, solltest Du sie doch mitnehmen und unterwegs bei Eisenlords absetzen, wo die Weiber zu Hause bleiben, oder bei Volz, oder bei uns."

„Es ist gut," sagte Lambert, indem er Katharine, die bleich und still neben ihm stand, bei der Hand nahm. „Und nun komm herein, Adam Bellinger, und nimm einen Bissen und einen Schluck; es scheint, daß Du es brauchst, und die Liese auch, das arme Thier. Wir sind in zehn Minuten fertig."

Lambert rückte geschäftig die fliegende Krippe heran, während Katharine in das Haus eilte und ein Brod brachte, welches Adam für seinen Gaul in Stücke schnitt. Dann gingen sie Alle hinein, und setzten sich zu dem schnell bereiteten Mahl, dem Adam so herzhaft zusprach, daß er wenig Zeit hatte, Lamberts mannigfache Fragen zu beantworten. Dennoch erfuhr Katharine, die still zuhörte, genug, um sich ein Bild von der Lage der Dinge machen zu können. Den Nikolaus Herckheimer hatte sie schon öfters von Lambert erwähnen hören, als einen der reichsten und bravsten deutschen Ansiedler, der da, wo der Canada-Creek in den Mohawk mündet, eine große Farm und ein wohlbefestigtes Haus besaß. Er hatte sich schon im vergangenen Jahr bei Belletre's Raubzug große Verdienste um die Ansiedlungen erworben; der Gouverneur hatte ihm seitdem Capitänsrang verliehen und ihn für die Zukunft mit der Vertheidigung der deutschen Grenzdistricte betraut.

„Er wird seinen Plan schon fertig haben," sagte

Lambert. „Freilich, wir hier am Creek werden wohl für uns selber sorgen müssen, wir sind zu weit vorgeschoben; aber an uns soll es nicht fehlen, wenn ich auch nicht gedacht hätte, daß wir sobald die Mordbrenner wieder hier haben würden."

Aus Lamberts ganzem Wesen sprach der gefestete Muth eines Mannes, der sich der Gefahr, welche hereindroht, wohl bewußt, aber auch entschlossen ist, ihr zu trotzen, komme, was da wolle. Seine Blicke suchten Katharine's, die geräuschlos ab= und zuging und die Männer bediente und deren große, glänzende Augen sagten: Du siehst, Geliebter, ich bin wie Du ruhig und gefaßt.

Adam schien alle seine Angst über dem Essen und Trinken vergessen zu haben. Er hatte nur aufgeblickt, um Katharine, wenn sie seinen Teller von neuem füllte, mit freundlichem Grinsen zuzunicken. Jetzt legte er Messer und Gabel zögernd nieder, und schaute so vergnüglich um sich, als ob er sagen wollte: Das sitzt sich hier doch ein gut Theil besser, als auf dem verdammten hohen Sattel der Liese, die mich bei jedem Tritt von der einen auf die andere Seite wirft.

„Bist Du bereit, Adam?" fragte Lambert, der aufgestanden war und seine Büchse umgehangen hatte.

„Ich wohl," erwiederte Adam, die langen Beine von sich streckend, „aber die Liese schwerlich; das arme Vieh ist an so etwas nicht gewöhnt."

„Ich werde ihr Wasser geben, und den Hans satteln:" sagte Lambert.

Katharine folgte ihm vor die Thür. Lambert er=

griff ihre Hand und sagte: „Katharine, ich danke Dir, danke Dir von ganzem Herzen. Ich weiß jetzt, daß ich mir keine Vorwürfe mehr zu machen brauche."

„Du hättest Dir nie welche machen sollen," sagte Katharine. „Deine Sache ist meine Sache, Dein Loos ist mein Loos. Ich lebe und sterbe mit Dir."

„Und so will ich jeden Blutstropfen für Dich hingeben," sagte Lambert; „aber ich hoffe zu Gott, daß uns noch viele gute Tage beschieden sind. Für diesmal hat es gewiß noch nichts zu bedeuten. Konrad, der eine Woche draußen war, und nach der Seite, von welcher sie kommen müssen, weiß sicher mehr von unseren Feinden, als irgend ein Anderer, und er hat mir gesagt, daß vorläufig wenigstens keine Gefahr sei."

„So denke auch ich," sagte Katharine; „und da will ich Dich gleich um Eines bitten, Lambert. Du hast um meinethalben ein wenig Deine Pflicht vernachlässigt. Du hättest, wärest Du allein zurückgekommen, gestern schon alle Deine Freunde gesehen und gesprochen, denn Du würdest den Weg durch's Thal genommen haben, anstatt durch den Wald. Heute ist es wieder ein Zufall, daß Dein Freund Adam uns gefunden hat, und so hättest Du leicht da fehlen können, wo Du hingehörst. Das ist nicht recht, und liegt mir auf der Seele. Nun hast Du einen langen Ritt; der Hans kann uns Beide tragen, ich weiß es wohl; aber er läuft doch besser, wenn Du allein reitest. Und dann: was sollte daraus werden, wollte Jeder bei einer solchen Gelegenheit die Weiber mit sich schleppen? Die Andern bleiben ja auch zu Hause; nicht wahr, Lambert, Du läßt mich hier?"

„Nun wird's aber Zeit," sagte Adam Bellinger zur Thür herauskommend.

Lambert stand unschlüssig da; er sah keine Gefahr darin, Katharine allein zu lassen; dennoch kam es ihm so schwer an, sich gerade jetzt von ihr trennen zu sollen.

„Und gewiß kommt auch Konrad zu Mittag zurück," sagte Katharine; „und findet dann das Haus leer. Es ist wahrlich besser, Lambert, ich bleibe hier."

„Nun, wie Du willst," sagte Lambert.

Er schnallte das Reitkissen, das er eben dem Hans aufgelegt hatte, wieder ab.

„Kommt die Jungfer nicht mit?" fragte Adam, der schon aufgesessen war.

Lambert antwortete nicht.

„Nun denn Adjes, Jungfer," sagte Adam, „und schönsten Dank. Hot, Liese."

Er wandte sein Pferd, das sich nur widerwillig von der Krippe trennte.

Katharine flog in Lamberts Arme.

„Leb' wohl, Geliebter; Du zürnst mir nicht?"

„Ich Dir?" sagte Lambert.

Seine Lippen bebten; er preßte Katharine stumm an seine Brust; dann riß er sich mit einem gewaltsamen Entschluß los, schwang sich auf den Hans, und ritt im Galopp seinem Gefährten nach, der auf seinem langbeinigen Gaul voraustrabte und bei jedem Schritt des Thieres hoch in die Luft schnellte, während er die spitzen Ellbogen wie Flügel auf und nieder bewegte.

Achtes Capitel.

Lambert hatte den ungeschickten Reiter bald genug eingeholt. Die beiden jungen Leute trabten eine Zeit lang schweigend nebeneinander her, bis die Liese plötzlich schnaufend still stand, und Adam, der dabei auf dem Hals des Thieres zu sitzen gekommen war, erklärte: Die Liese sei ein gar kluges Geschöpf und wisse sehr wohl, daß es in dem Tempo unmöglich fortgehen könne; sie stehe dann immer still, um dem Reiter Zeit zur Ueberlegung zu geben, und er habe noch jedesmal gefunden, daß man im Schritt endlich auch an das Ziel komme, und noch dazu viel bequemer.

„Aber auch ebenso viel später," sagte Lambert ungeduldig; „wenn Du durchaus nicht mitkannst, muß ich Dich allein lassen und voran reiten."

„Um Gotteswillen," schrie Adam, und stieß die Liese mit beiden Hacken so heftig in die Seiten, daß sie ganz erschrocken vorwärts sprang und wieder in Trab fiel; „um Gotteswillen! das fehlte noch gerade."

„Du bist ein Hasenfuß, der sich durch ein Mädchen beschämen läßt;" sagte Lambert.

Er wandte sich im Sattel zurück nach dem Blockhaus, bevor es hinter der jäh vorspringenden, waldbekränzten Felsenhöhle, um welche sie eben bogen, seinen Blicken entschwand. Katharine stand auf derselben Stelle, vor der Hausthür; er winkte mit der Hand, obgleich es nicht wahrscheinlich war, daß sie den Gruß noch sehen konnte, und jetzt hatte sich der Felsen dazwischen gescho=

ben. Eine namenlose Traurigkeit überfiel Lambert, und
es fehlte wenig, so hätte er den Hans herumgeworfen
und wäre mit verhängtem Zügel zurückgesprengt; aber
mit einem kräftigen Entschluß überwand er das Weh=
gefühl. „Ich bin ein eben so großer Feigling," sprach
er bei sich, „und ein größerer, denn ich sollte besser wissen,
um was es sich handelt, und daß mir nichts schwer fallen
dürfte, was ich für sie thue."

„Du hast gut reden," unterbrach Adam Lamberts
Selbstgespräch.

„Weshalb?" fragte Lambert.

„Wenn sie Dir den Schopf über die Ohren ziehen,
kräht kein Hahn darnach; aber meine alte Mutter würde
sich die Augen ausweinen."

„Vielleicht findet sich doch Jemand, der meinen
Schopf lieber auf meinem Kopf, als an dem Gürtel
eines Indianers sieht."

„Du meinst das junge Frauenzimmer?" fragte Adam,
seinen Mund von einem Ohr bis zum andern ziehend,
und für einen Moment den Sattelknopf loslassend, um
mit dem Daumen über die Schulter rückwärts zu zeigen.

„Vielleicht," sagte Lambert.

„Na, da sei nur ruhig," sagte Adam in tröstendem
Ton; „die heirathe ich dann; Mutter will schon lange,
daß ich heirathe; aber ich nehme nicht jede, weißt Du,
und das Mädchen gefällt mir."

„So," sagte Lambert.

„Ja," sagte Adam; „das Barbche, das Gustche und
das Annche werden wohl im Anfang ein wenig zetern;
aber das giebt sich mit der Zeit, und Fritz und August

Volz sind, glaube ich, mit dem Bärbche und dem Gustche schon einig, und wir denken immer, Du heirathest doch noch das Ännche."

„Mit oder ohne Schopf?" sagte Lambert.

Adam fand diesen Scherz so ausgezeichnet, daß er die Liese anhalten mußte, um sich die Fäuste in beide Seiten zu stemmen und in ein schallendes Gelächter aus=
zubrechen. Ein Reiher, der sich in das Röhricht des Ufers gebuckt hatte, flog erschrocken auf und ließ seinen Warnruf erschallen.

„Ach, Du mein blutiger Heiland!" sagte Adam, „ich glaubte wahrhaftig, es sei schon einer von den schuftigen Franzosen und Rothhäuten."

„Habt Ihr denn während dieser Zeit öfter von ihnen gehört?" fragte Lambert, indem sie weiter ritten.

„Ein einziges Mal," sagte Adam; „vor einem Monat etwa; der Vater war nach Shenectady mit dem Korn, und ich war wieder gerade allein auf dem Felde, als Antonche gelaufen kam und schrie, die Indianer seien über den Creek geschwommen und schon in unserm Hause. Mir fuhr der Schrecken so in die Beine, daß ich nicht wußte, wo mir der Kopf stand, und ich eigentlich nach Hause wollte und den Frauenzimmern helfen; aber als ich wieder zu Athem kam, stand ich vor Eisenlords Thür, wo der Alte grade daheim war, und schnell seinen jüngsten Buben zu Peter Volz' schickte, von denen dann auch bald drei, der Alte selbst und Fritz und August, kamen. Da gingen wir denn muthig vorwärts, obgleich uns die heu=
lenden Weiber nicht fortlassen wollten und unterwegs stießen auch noch Christian Eisenlord und der junge Peter

Volz zu uns, so daß wir unserer sechs oder sieben waren, obgleich, offen gestanden, auf mich nicht viel gerechnet werden konnte, denn ich weinte mir bald die Augen aus vor Jammer und Herzeleid, daß ich nun unser Haus niedergebrannt finden sollte, und meine schönen Blessen weggetrieben, und die vier englischen Schweine, die ich erst an demselben Morgen von Johann Mertens gekauft, und die Mutter und das Barbche und das Gustche und das Annche ohne Schopf; aber als wir aus dem Wald heraus= kamen, denn wir hatten uns gut herangeschlichen, lag unser Haus ganz ruhig da, und die Frauenzimmer stan= den vor der Thür, und schalten auf das Antonche ein, das ganz heillos schrie."

„Nun und die Indianer?" fragte Lambert.

„Du mußt mich nicht unterbrechen, wenn ich meine Geschichte ordentlich erzählen soll," sagte Adam. „Wo war ich stehen geblieben?"

„Bei dem Anton, der heillos schrie."

„Der arme Junge," sagte Adam; „ich konnt's ihm nicht verdenken; er sollte hineingehen und den Indianer zudecken, der so gut wie gar nichts anhatte, daß sich die Frauenzimmer schämten."

„Es war also doch einer da?"

„Nun freilich, und war wirklich durch den Creek ge= schwommen und lag an dem Heerd, so betrunken, wie nur eine Rothhaut sein kann, und schnarchte, daß wir es draußen hörten. Da haben mich die Andern schön aus= gelacht und mich seitdem immer mit dem betrunkenen Kerl gefoppt, obgleich man den Teufel nicht an die Wand malen soll und ich doch eigentlich gar nichts dazu konnte, sondern das Antonche, der auch gescheidter hätte sein können; und so wollten sie denn heute auch gar nicht an meine Botschaft glauben, und wenn ich nicht gesagt und beschworen hätte, der Herckheimer selber habe es dem Vater gesagt, so wären sie Alle zu Hause geblieben, außer Base Ursel natürlich, die gleich die beiden Gäule sattelte."

„So ist der Ohm auch mit?" fragte Lambert erstaunt.

„Wir werden es ja gleich erfahren," sagte Adam; „ich werde einmal rufen."

Sie hielten vor dem Dittmar'schen Hause; Adam hob sich in den Bügeln und ließ, die beiden Hände an den Mund legend, sein: „He, holla, Christian Dittmar, holla, he!" erschallen, daß die Tauben auf dem Dache erschreckt davonflogen, und Melac, der Kettenhund auf dem Hofe, fürchterlich zu heulen und zu bellen begann. Trotz alledem wollte sich in der obern Oeffnung der Thür, durch die man in das Innere des Hauses sah, die lange Gestalt des alten Dittmar nicht zeigen, und Lambert mahnte zur Eile, gestattete auch nicht, daß man bei Wilhelm Teichert vorsprach. Dessen Farm lag etwas abseits am Rande des Waldes, welcher jetzt in einem großen Bogen vom Bach zurücktrat, und erst bei Peter Volz' Hof wieder hart heranschnitt. Hier mußte freilich angehalten werden, denn Mutter Volz hatte die Reiter schon von weitem kommen sehen und stand nun vor der Thür, in jeder Hand einen Krug selbstgebrauten Braunbieres, das Peter, ihr jüngster Sohn, schnell von einem frischen Faß hatte zapfen müssen. Mutter Volz war sehr aufgeregt, und dicke Thränen liefen ihr über die dicken Backen, als sie

den Reitern die Krüge darreichte, und dabei auf die Fran=
zosen und auf ihren Peter schalt, diesen Guck in die Welt,
der durchaus mit zur Versammlung und sie alte hülflose
Frau allein lassen wollte.

„Wenn ich ein Guck in die Welt bin," sagte Peter,
„kann ich Dir auch nicht helfen, Mutter; aber ich soll
immer zu Hause bleiben und Nesthäkchen spielen, das
ist die Sache."

„Ja, das ist die Sache," sagte Adam, der sich sein Bier
trefflich schmecken ließ, „und wir Andern müssen es uns
sauer werden lassen."

„So gieb mir die Liese und bleib hier;" sagte der
muthige Peter.

Adam hatte nicht übel Lust, einem so annehmbaren
Vorschlage zu willfahren, und wollte eben aus dem Sat=
tel klettern, als die Liese — sei es, daß sie die Bewegung
des Reiters falsch verstand, sei es, daß sie die Nähe ihres
heimathlichen Stalles spürte — sich plötzlich in Trab
setzte, zu Adams Entsetzen und Lamberts Freude, dessen
Ungeduld durch die unnöthigen Verzögerungen bereits
auf's höchste gestiegen war.

Nun aber, Dank Liese's festem Entschluß, mit der
ungewohnten Arbeit für heute ein Ende zu machen, ging
es unaufhaltsam weiter, schnell und schneller, daß dem
Adam, der sich krampfhaft am Sattelknopf festhielt, die
langen gelben Haare um die großen Ohren flogen: immer
am Bach entlang, vorbei an Johann Eisenlords Haus,
wo die Frauen ebenfalls an die Thür liefen, und den
Dahinstürmenden zuriefen und verwundert nachblickten; —
weiter und weiter, und schneller und schneller, bis Liese vor

dem Bellinger'schen Gehöft mit einem Ruck anhielt, und ihren Reiter über den Hals in den Sand warf, unmittelbar zu den Füßen seiner Mutter und seiner drei Schwestern und seines jüngsten Bruders, dem die Mutter zuschrie: „lauf, Antonche, und mach der Liese den Stall auf, daß sie sich nicht den Schädel an der Thür einrennt, das arme Vieh!" Um Adam bekümmerte sich Niemand. In der That war dies die gewöhnliche Weise, in welcher ihn die Liese nach einem derartigen Ausfluge den Seinen wieder zustellte, und er kam denn auch diesmal bald genug wieder auf und rieb sich weinerlich die langen Beine, während die Frauen Lambert umstanden und ihn nach seiner Reise befragten: wann er zurückgekommen sei? und weshalb er nur gestern in aller Welt den bösen Weg durch den Wald gemacht habe? und wie sich denn seine neue Magd anlasse? und weshalb er sich funfzig Meilen weit geholt, was er aus der Nähe bequemer und vielleicht auch besser hätte haben können?

Lambert dankte kurz für gütige Nachfrage, erkundigte sich, wie lange es sei, daß die Männer aufgebrochen; gab seinem Gaul die Hacken und trabte mit kurzem Gruß davon, zu nicht geringer Bekümmerniß der hübschen, blonden Annche, die sich von ihren beiden Schwestern Bärbche und Gustche sagen lassen mußte: nun sehe man ja klar, was sie immer behauptet, daß der Lambert Stern=
berg nicht der Tannen wegen die lange Reise nach New= York gemacht habe! Annche erwiederte: daß sie nicht an den Lambert denke und Fritz und August Volz sich auch noch nicht erklärt hätten. Die Mutter nahm die Partei der Annche, und der Streit drohte heftig zu werden,

bis man sich glücklicherweise darauf besann, daß man ja Adam noch nicht einmal gefragt habe, was für eine Person denn eigentlich das neue Mädchen sei? und nun von dem kühnen Ritter, der sich in dem Hause die Schien= beine mit Branntwein rieb, erfuhr, daß keineswegs Lambert, sondern er selbst das Mädchen heirathen werde, sobald die Indianer Lambert den Schopf abgezogen hätten, und daß er darüber mit Lambert vollkommen einig sei.

Während so in der Bellinger'schen Familie über Katherine's Schicksal entschieden wurde, setzte Lambert, die verlorene Zeit einzubringen, im schnellsten Trabe seinen Weg fort. Er hatte aus den Fragen der Frauen, noch mehr aus dem Tone, in welchem man fragte, wohl herausgehört, daß man nicht eben günstig über seine Handlungsweise dachte. Er war darauf gefaßt ge= wesen und hatte gestern, um dieser nachbarlichen Theilnahme zu entgehen, den Weg nicht durch's Thal genommen; dennoch fühlte er sich gekränkt und zürnte der Base, welche allein die Kunde von seiner Rückkehr und seinem Verhältniß zu Katharine verbreitet haben konnte, und sagte sich dann wieder, daß man es ja doch in aller Kürze erfahren mußte und es daher das beste war, wenn man es so früh als möglich erfuhr. Wie dem aber auch sein mochte, er sah wohl, daß er einen schweren Stand in der Gemeinde haben würde, so lange Katharine nicht seine Frau war und vermuthlich auch noch nachher; daß es aber jedenfalls seine Pflicht sei, vor aller Augen Klarheit in sein Verhältniß zu Katharine zu bringen. Er nahm sich vor, noch heute, wenn sich irgend dazu Gelegenheit fand, mit dem Pfarrer zu sprechen und sich den Rath und die Hülfe des trefflichen Mannes zu erbitten.

Er war jetzt, nahe an der Mündung, aus dem eigentlichen Thale des Creek herausgekommen. Rechts von ihm lag die weite Fläche in der Gabel zwischen dem Creek und dem Mohawk: fruchtbares, dem Urwald schon länger abgewonnenes Land, mit seiner in fast ununterbrochener Linie fortlaufenden Reihe von Ansiedlungen, in der Mitte auf einem Hügel die kleine Kirche und das Pfarrhaus. Vor ihm, bereits jenseits des Mohawk, dessen klares Wasser zwischen den bebuschten Ufern hier und da hervorblickte, erhob sich, ebenfalls auf einem Hügel, wie eine kleine Festung anzuschauen, das Ziel seines Rittes: Nikolaus Herckheimers stattliches Haus.

Und jetzt sah er auch, daß er nicht, wie er schon gefürchtet, der Letzte sein würde. In der Ebene tauchten zwischen den Kornfeldern und dem Buschwerk, einzeln oder zu zweien und dreien, die Gestalten von Fußgängern und Reitern auf, die sich aus den verschiedenen Richtungen sämmtlich nach derselben Stelle bewegten: einem einzeln gelegenen Hause auf dieser Seite des Flusses, der Herckheimer'schen Farm schräg gegenüber, wo Hans Haberkorn, der Fährmann, wohnte.

Hier traf Lambert einige Minuten später mit mehreren der Männer zusammen, welche er schon von weitem hatte kommen sehen, und von denen er um so lebhafter begrüßt wurde, als Alle wohl von seiner Reise nach New=York, aber noch Niemand von seiner Rückkehr gehört hatte. Man wollte wissen, wie die Sache abgelaufen? und vor Allem, was er in der Stadt über den Krieg in Europa in Erfahrung gebracht habe! ob die Franzosen wirklich im vorigen Jahre bei Roßbach so heillose Schläge bekommen? und ob es dem Könige von Preußen, der doch ein ganzer Mann sein müsse, auch in diesem Jahre gelingen werde, sich gegen seine zahllosen Feinde im Felde zu behaupten?

Lambert erzählte, was er wußte und erkundigte sich seinerseits nach dem Stande der heimischen Dinge. Von den fünf oder sechs Männern, die sich bereits zusammengefunden, gab jeder seine Ansicht zum Besten, wobei sich herausstellte, daß genau so viele Ansichten zu Tage kamen, als Köpfe in der kleinen Versammlung waren. Ja, während man Hans Haberkorns Rum eifrig zusprach, wurde man so hitzig, daß man ganz zu vergessen schien, weshalb man eigentlich hier war, bis Lambert dringend zum Aufbruch mahnte. Hans Haberkorn meinte freilich, die Sache habe gar keine Eile, und man könne hier eben so gut Rath pflegen, als drüben bei dem Herdtheimer; nun aber wollten die Andern auch nicht zurückbleiben. Man band die Pferde der Reihe nach in dem offenen Schuppen an die Krippe und bestieg das Floß, um auf der kurzen Ueberfahrt den angefangenen Streit noch heftiger als vorher fortzusetzen, ja es fehlte nicht viel, so wäre es auf dem schwanken Fahrzeuge zu Thätlichkeiten gekommen.

Es war daher ein Glück zu nennen, daß, als man drüben landete, sich sofort noch Einige dazu fanden, welche zum Theil bereits früher übergesetzt waren, zum Theil, von der andern Seite kommend, am Ufer auf die im Fährboot gewartet hatten, um mit ihnen gemeinsam weiter zu gehen. Ueber der Begrüßung vergaß man für

den Augenblick, daß man sich gestritten, hatte aber kaum
ein paar Schritte zurückgelegt, als der Wortwechsel von
neuem und heftiger als zuvor begann, denn die neu Hinzu=
gekommenen mischten sich, auf dieser oder jener Seite
Partei nehmend, hinein. So gelangte man, zankend und
streitend, auf den Vorplatz des Herckheimer'schen Hauses.

Neuntes Capitel.

Es mochten vielleicht hundert sein, die hier be=
reits versammelt waren, alles deutsche Ansiedler, vom
Mohawk und vom Creek, einige sogar vom Schoharie,
denn auch dorthin hatte der umsichtige Nikolaus Herck=
heimer seine Boten gesandt. In den stattlichen, zum
Theil riesengewaltigen Männern, die in langer Reihe
auf den Bänken unter dem weit vorspringenden Dache
des Hauses im Schatten saßen, oder sich auf dem freien,
sonnigen Platz durcheinander bewegten, mochte Niemand
die Nachkommen der bleichen, verkümmerten Auswanderer
erkennen, die ihrer Zeit in den Häfen von New-York
und Philadelphia von den verpesteten Schiffen an das un=
wirthliche Land gestiegen waren. So dachte Lambert, wäh=
rend seine Blicke die Versammlung durchliefen und nach den
näher Bekannten spähten, die er denn auch bald heraus=
fand. Da war zuerst die prächtige Gestalt des Nikolaus
Herckheimer selbst mit den breiten Schultern, auf die das
hier und da ergrauende Haar lang herabfiel, und den
hellen, blauen Augen, die heute noch ernster und nach=
denklicher blickten als sonst schon, während er mit Diesem

und Jenem sprach), und dann wieder nach dem Stand der Sonne schaute, ob die Stunde, welche er zur Eröffnung der Versammlung angesetzt, noch nicht gekommen sei. Da war der Pfarrer Rosenkrantz mit dem guten, freundlichen Gesicht, das so sturmerprobt und wettergebräunt war, wie irgend eines seiner Pfarrkinder, von denen er sich nur durch die schwarze Kleidung unterschied und durch die große runde Schnupftabaksdose, welche er unaufhörlich zwischen den Fingern drehte. Da waren seine Nachbarn: die Volz und die Eisenlords, Väter und Söhne, und Wilhelm Teichert und der alte Adam Bellinger; und zuletzt entdeckte er auch noch in der entferntesten Ecke, still vor sich hinbrütend und die Pelzmütze tief in das Gesicht gezogen, wie immer, seinen Ohm Christian Dittmar. Lambert wollte sich eben zu dem Alten durchdrängen, als Richard, Herckheimers jüngster Sohn, Konrads Altersgenosse und beider Brüder sehr lieber Freund, ihn an der Schulter berührte.

„Grüß Dich Gott, Lambert; das nenn' ich zur rechten Zeit zurückkommen! Wo ist Dein Bruder?"

Lambert berichtete, daß Konrad heute Morgen in aller Frühe auf die Jagd gegangen und bis er selbst das Haus verlassen, noch nicht zurück gewesen sei.

„Das wird dem Vater sehr unangenehm sein," sagte Richard; „er hat schon ein paar Mal nach Euch gefragt. Da kommt er selber. Ich spreche Dich noch hernach, Lambert."

Es war Lambert peinlich genug, dem verehrten Mann, der ihn herzlich willkommen hieß, dieselbe Mittheilung machen zu müssen.

„Ich weiß es bereits von Deiner Base," sagte Herckheimer; „aber ich hoffte, er würde sich unterdessen eingefunden haben; es ist sehr fatal, daß er uns fehlt. Ich höre, er ist acht Tage draußen gewesen an den Seen, und weiß sicher mehr von den Bewegungen uns'rer Feinde, als irgend einer von uns. Zwar bin ich im Allgemeinen wohl unterrichtet, aber es wäre gut, wenn Jemand da wäre, auf den ich mich berufen könnte. Was hat er Dir denn gesagt?"

„Nur dies," erwiederte Lambert, und er theilte Herckheimer das Wenige mit, was er von Konrad erfahren: wie die Onondaga-Indianer in großer Anzahl versammelt gewesen, und wie Konrad den Eindruck gehabt, daß sie nichts Gutes im Schilde führten.

„Das stimmt ganz mit meinen sonstigen Berichten," sagte Nikolaus Herckheimer; „diese Schufte haben schon lange ein falsches Spiel gespielt und wir werden sie wohl bald auf dem Halse haben. Höre, Lambert, ich habe Dir einen wichtigen Posten zugedacht, und ich möchte gern, bevor wir in die Berathung treten, mit Dir einig sein. Herr Pfarrer, auf einen Augenblick!"

Der Pfarrer trat heran und begrüßte Lambert herzlich, fing auch gleich nach dessen Reise zu fragen an, aber Herckheimer unterbrach schnell den gesprächigen Herrn.

„Das hat Alles für spätere Zeit, Pfarrer," sagte er; „wir haben jetzt Wichtigeres zu bedenken. Ich wollte eben dem Lambert hier, auf den wir uns in jeder Beziehung verlassen können, unsern Plan auseinandersetzen. Unser Plan aber, Lambert, ist der: Wir sind nach den Verlusten, die wir im vorigen Jahre gehabt, auf jeden

Fall zu schwach, uns in offenem Kampfe zu halten gegen einen Feind, der uns an Zahl weit überlegen ist, und der sich noch dazu die Stunde und den Ort seines Angriffes wählen kann. Es bleibt nichts übrig, als durch fortwährendes und geordnetes Patrouilliren über seine Bewegungen uns so gut als möglich zu unterrichten, damit wir, noch bevor ein wirklicher Angriff erfolgt, uns auf unsere festen Punkte zurückziehen können. Der eine ist natürlich das Fort, das in gutem Vertheidigungszustand ist; der zweite ist mein Haus, für das ich stehe und das sie im vorigen Jahre nicht anzugreifen gewagt haben. Ueber den dritten werde ich gleich mit Dir sprechen. Damit Alle so schnell als möglich die Kunde erhalten, wollen wir den Fluß hinauf und hinab Signale errichten, Rauchsignale bei Tage, Feuersignale in der Nacht. Sodann müssen wir kleine berittene Corps bilden, welche schnell an die bedrohten Punkte geworfen werden können, und den Feind so lange beschäftigen, bis die Weiber und Kinder ihre Flucht bewerkstelligt haben. Vieh und was sich sonst bergen läßt, müssen wir schon vorher in Sicherheit bringen. Jetzt zu Deiner Aufgabe. Es ist die größte Wahrscheinlichkeit, daß sie diesmal den Creek zum Angriffspunkt wählen. Sie haben Euch im vorigen Jahre verschont, um so mehr werden sie bei Euch zu finden hoffen; und dann wissen sie oder glauben sie uns hier am Mohawk besser vorbereitet oder vertheidigungsfähiger als Euch. Das Letztere ist nun allerdings der Fall: Ihr wohnt zu weit ab, als daß Ihr Euch mit einiger Aussicht auf Erfolg hierher oder zum Fort zurückziehen könntet, und aus demselben Grunde vermögen wir ebenso wenig Euch wirksam zu schützen. Dein Vater, der ein kluger Mann war, hatte das wohl begriffen, und Euer Haus so fest gemacht, daß es von einer kleinen Zahl entschlossener Männer, die hinreichend mit Lebensmitteln und Munition versehen sind, eine kürzere Zeit selbst gegen eine größere Truppe gehalten werden kann. Darauf nun habe ich meinen Plan gebaut. Du führst eine gute Büchse, und Dein Bruder Konrad die beste in den Kolonien. Ihr seid beide ein paar muthige entschlossene Männer, und Ihr habt nur Eure eigene Haut zu Markte zu tragen, was in solcher Lage etwas sagen will. Ich werde Euch noch zwei oder drei Mann geben, die Du selber auswählen kannst, und Eure Sache würde es dann sein, Euch und Eure nächsten Nachbarn, also Dittmars, Teicherts und etwa noch Volz, die zu Euch gelangen können — Eisenlords und Bellingers haben es näher hierher — ich sage: Euch so lange zu halten, bis wir im Stande sind, Entsatz zu bringen. Ich brauche Dir nicht zu sagen, Lambert, auf welch' einen verantwortlichen und gefährlichen Posten ich Dich stelle. Von Eurer Wachsamkeit hängt nicht blos das Leben Eurer Nachbarn, sondern vielleicht das Schicksal von uns Allen hier ab. Auf der andern Seite kann es ebensowohl geschehen, daß wir, auch mit Hülfe der Milizen aus Albany, uns selbst nicht des Feindes erwehren und Euch so entweder gar nicht, oder nicht rechtzeitig zur Hülfe kommen können. Willst Du, Lambert Sternberg, den Auftrag übernehmen?"

„Ich will es," sagte Lambert.

Nikolaus Herckheimer schüttelte ihm kräftig die Hand und wandte sich zu einer anderen Gruppe. Der Pfarrer, der, eifrig seine Dose drehend und vielmals mit dem Kopfe nickend, zugehört hatte, reichte jetzt Lambert ebenfalls die Hand und sagte:

„Du hast nichts Geringes übernommen, lieber junger Mann! so möge Gott Dir helfen!"

„Amen, Herr Pfarrer," erwiederte Lambert: „und ich bedarf Gottes Hülfe mehr als Ihr vielleicht glaubt. Ich bin in der Absicht hierher gekommen, Euch, wenn es anging, eine für mich hochwichtige Mittheilung zu machen, und mir Euren Rath zu erbitten. Wollt Ihr mich ein paar Minuten geduldig anhören. Ich will versuchen, kurz zu sein."

„Sprich!" sagte der Pfarrer, „obgleich ich schon zu wissen glaube, was Du mir sagen willst."

Lambert blickte den Pfarrer fragend an.

„Meine liebe Freundin, Deine Base Dittmar, hat mir schon Einiges mitgetheilt, was ich mir denn so in meinem Sinn, wollte sagen, in dem Sinne von Euch jungen Leuten zurechtgelegt habe. Aber sprich immerhin."

Lambert erzählte nun dem würdigen Manne die Geschichte seiner Liebe zu Katharine, von dem ersten Moment, wo er sie auf dem Verdeck des Schiffes gesehen, bis zur Stunde; und gab zuletzt seinen dringenden Wunsch zu erkennen, sobald als möglich die Geliebte vor aller Welt seine Gattin nennen zu dürfen.

„Ich verstehe, ich verstehe," sagte der Pfarrer, der ganz Ohr gewesen war; „ja, ja, das ist in jeder Beziehung wünschenswerth, sowohl um des Mädchens willen, als auch um Deinetwillen; ja auch für den Konrad, der sonst am Ende noch dumme Streiche macht."

„Und dann," sagte Lambert, „möchte ich gerade jetzt, wo die Gefahr hereindroht, mit Katharine auf immer vereinigt sein."

„Auf immer," sagte der Pfarrer ernst. „Auch das begreife ich vollkommen. Also kurz und gut, lieber junger Freund, ich will Euch gerne dienen, wie es mein Beruf und mein herzlicher Wunsch ist. Wir können hier nicht immer die Formen erfüllen, welche die Kirche vorschreibt; aber Gott sieht in's Herz, und so, denke ich, begnügen wir uns denn auch morgen mit einem einmaligen Aufgebot, und nehmen gleich nach dem Gottesdienst die Trauung vor. Ist Dir das recht! gut, und dann möchte ich noch Eines bitten: daß Du Deine Braut noch heute Abend zu Deiner Base bringst, und sie bis morgen dort läßt, von wo Du sie dann erst zur Trauung abholst. Gott sieht in's Herz, wiederhole ich, aber bei den Menschen gilt der Schein, und so, um der Menschen willen, wünschte ich, daß Du meiner Bitte folgtest."

„Ich will es gern thun, Hochwürden," sagte Lambert; „und gleich nachher mit der Base sprechen."

„Da kommt sie gerade," sagte der Pfarrer.

Base Ursel hatte den Herckheimer'schen Frauen im Hause wacker bei der Arbeit geholfen, welche die Bewirthung so vieler Gäste auf einmal nöthig machte; nun aber erklärt, daß mit ihrer Bewilligung kein Krug Bier und kein Glas Rum mehr verabreicht würde. „Denn," sagte sie, indem sie zu dem Pfarrer und Lambert herantrat, „ich kenne meine Leute, und, wenn überhaupt noch etwas aus der Berathung werden soll, muß man jetzt anfangen, in einer Stunde könnt Ihr eben so gut den Pferden Vernunft predigen. Sagt das dem Herckheimer, Pfarrer; ich will nur noch eben nach meinem Alten sehen; Du kannst mitkommen, Lambert, er hat schon nach Dir gefragt, was er nicht alle Tage thut: aber die Franzosen, weißt Du, bringen ihn immer in Harnisch; er ist heute wie umgewandelt."

Lambert konnte das nicht finden, als er jetzt mit der Base an den Ohm herantrat. Der alte Mann saß noch immer in derselben Ecke auf der Bank, die Pelz= mütze tief in die Stirn herabgezogen, gesenkten Hauptes, das er kaum ein wenig hob, um Lamberts Gruß mit stum= mem Nicken zu erwiedern. Nur die sonst halb geschlosse= nen Augen blitzten für einen Moment unter den schwe= ren Brauen in einem sonderbaren Glanz hervor; aber seine Gedanken mußten weit weg wandern, er hörte offenbar gar nicht, was Lambert zu ihm sprach.

„Laßt ihn nur," sagte Base Ursel; er hat jetzt an= dere Dinge im Kopf, und für uns ist es auch die höchste Zeit, daß wir endlich zur Sache kommen; es wird schon so wie Kraut und Rüben durcheinandergehen."

Und Base Ursel schien nur zu sehr recht zu haben. Der Lärmen hatte immer zugenommen; man ging mit den Krügen und Flaschen in den Händen umher, und trank einander zu und sprach und schrie auf einander ein, als plötzlich erst von Einigen, dann von Mehreren: „Stille, Ruhe!" gerufen wurde, und nun die allbekannte Gestalt des Pfarrers über den durcheinander Drängen= den erschien. Er war auf einen Tisch gestiegen und stand da, gelassen seine Tabaksdose zwischen den Fingern drehend, wartend, bis man ihm Gehör schenken würde. „Stille, Ruhe!" erschallte es abermals, gebieterischer als vorher, aber die Ruhe wollte sich nicht herstellen. In einigen entfernteren Gruppen ging es noch immer laut her, und eine grobe Stimme rief: „Was will denn der Pfarr?"

„Was ich will?" rief der Pfarrer, „ich werde es Euch alsbald sagen. Ich wollte Euch da hinten ersuchen, daß Ihr endlich den Mund haltet, und Eure Weisheit, wenn Ihr welche habt, zur rechten Zeit und an dem rechten Orte auf den Markt bringt."

Das derbe Wort erweckte überall großes Gelächter, aber nach dem Lachen wurde es still. Der Pfarrer ließ die Dose in die Tasche gleiten, nahm den großen dreikantigen Hut ab, schob sich die vielgeprüfte kurze Perrücke zurecht und fuhr also fort:

„Dann aber wollte ich mit Euch Allen den Herrn anrufen und zu ihm beten, daß der Kelch, den wir im vorigen Jahre bis auf die letzte bittere Hefe geleert haben, und wovon der Geschmack noch auf unseren Zungen liegt, diesmal gnädig an uns vorübergehe. Und wenn er in seiner unergründlichen Weisheit beschlossen hat, daß es nicht der Fall sein soll, und daß er abermals unsere Herzen und Nieren prüfen will, er dann in seiner Gnade uns Kraft gebe, die schwere Probe wie wackere Männer zu bestehen, die da wissen, daß der gute Gott trotz alledem und alledem den nicht verläßt, der sich nicht selbst verläßt, und dem hilft, der sich selber hilft. Das, lieben Freunde und Landsleute, ist ein

Wort, welches gegolten hat allerwegen und zu allen Zeiten, niemals aber und für Niemand mehr, als jetzt für uns. Wer soll uns retten aus Noth und Gefahr, als Gott und wir selbst, hier an der äußersten Grenze der von Menschen unseres Stammes bewohnten Erde, wo Feinde ringsum lauern und umhergehen, ob sie uns gar verschlingen? Und wir werden uns mit Gottes Hülfe retten, deß bin ich festiglich überzeugt, so wir nur sein Gebot halten, das da lautet: Du sollst Deinen Bruder lieben wie Dich selbst. Dann, wenn wir, wie es Brüdern ziemt, Schulter an Schulter nebeneinanderstehen, eines Sinnes und eines Herzens und desselben Muthes voll in Gefahr und Noth und Tod — dann, aber auch nur dann, lieben Freunde, werden wir die Gefahr überwinden, und aus der Noth uns erretten, und wenn der Tod uns treffen sollte, sterben als wackere Männer in Erfüllung unserer heiligsten Pflichten, als Menschen und Christen. Und nun, lieben Freunde, nachdem ich gesagt habe, was ich als ein Diener des Wortes Gottes und ein Mann des Friedens Euch aus vollem, liebenden Herzen zu sagen hatte, und Euch danke, daß Ihr mir still und aufmerksam zugehört, wollet nicht minder still und aufmerksam dem zuhören, was Euch der Mann zu sagen hat, den wir alle kennen und verehren, und der ein braver Landmann ist, wie Ihr, und nebenbei ein wackerer Kriegsmann. Und möge der Herr ihn segnen, daß er Euch nur Weises räth, und möge der Herr Euch segnen, daß Ihr Euch berathen laßt, und möge er uns Alle behüten, und sein Antlitz leuchten lassen über uns, und uns Frieden geben. Amen!"

Die herzlichen Worte des Predigers, der besonders zuletzt mit tief bewegter Stimme gesprochen, hatten ihre Wirkung nicht ganz verfehlt; ein beifälliges Murmeln lief hier und da durch die Versammlung, aber die Stimme des Redners war kaum verhallt und seine Gestalt vom Tische verschwunden, als sich auch wieder, wenn auch weniger laut als vorhin, einzelne Stimmen erhoben: „was denn das Geschwätz solle? und ob man hierher gekommen sei, sich eine Predigt halten zu lassen? Reden koste kein Geld, und der Pfarrer habe gut reden: er sei im vorigen Jahre einer der ersten gewesen, die sich in das Fort geflüchtet und die Anderen ihrem Schicksal überlassen hätten; aber freilich: weit davon sei gut vor dem Schuß!"

So sprachen die Unzufriedenen her und hin; Andere sagten: sie sollten sich schämen, wider einen trefflichen Mann so bösen Leumund zu reden; noch Andere riefen: „Ruhe, stille da! hinaus, wer nicht Ruhe halten kann! Ruhe! seht Ihr nicht, daß der Herckheimer sprechen will! Der Herckheimer soll reden!"

So konnte denn endlich Nikolaus Herckheimer, der schon seit ein paar Minuten auf dem Tische stand, und seine klugen, ernsten Augen über die Versammlung schweifen ließ, zu Worte kommen. Er sprach lange und eindringlich. Er entwickelte bis in die Einzelnheiten den Plan, welchen er vorhin Lambert in den großen Zügen mitgetheilt hatte. Es war in demselben an Alles gedacht, auf Alles Rücksicht genommen, und die drohende Gefahr, wo man ihr nicht ausweichen konnte, auf ihr kleinstes Maß eingeschränkt.

„Das ist, was ich zu sagen habe," schloß er; „nun ist es an Euch, meine Vorschläge zu prüfen. Wir sind freie Männer und Jeder kann am Ende thun, was ihm gefällt, und seine Haut so oder so zu Markte tragen. Aber, daß wir frei sind, verbietet nicht, daß wir einig sind; im Gegentheil, nur dadurch, daß wir einig sind, werden wir unsere Freiheit bewahren und behaupten. Und einig können wir nicht sein und nicht werden, wenn Ihr, wie jetzt schon wieder, durcheinander redet und schreit. Wer etwas Besseres weiß, als ich, der komme hierher und rede; wer nicht, der schweige und höre. Und vergeßt nicht, was wir unseren Kindern sagen, daß, wer nicht hören will, fühlen muß. Wer will nach mir reden?"

„Ich, ich!" riefen ein paar Dutzend Stimmen.

„Ihr könnt nicht Alle auf einmal reden," sagte Herckheimer mit einiger Bitterkeit; „so komme Du hierher, Hans Haberkorn; Du schreist am lautesten."

Hans Haberkorn, der Fährmann, erschien neben Herckheimer auf dem Tisch. Der kleine, untersetzte, haarbuschige Geselle hatte hinter dem Schenktisch der Wirthschaftsstube, welche zur Fähre gehörte, so oft das große Wort geführt und auf seinen reichen Nachbar jenseits des Flusses gescholten, daß er die Gelegenheit, dem Letzteren auch einmal — wie er sich ausdrückte — vor aller Welt die Wahrheit zu geigen, unmöglich so vorübergehen lassen konnte. Er verlangte zu wissen, ob es ehrlich und nachbarlich von Nikolaus Herckheimer gehandelt sei, wenn er auf einmal drei Fähren innerhalb einer halben Meile über den Fluß wolle, nachdem man ihm, Hans

Haberkorn, versprochen, daß er der einzige Fährmann auf diesem Terrain bleiben solle, und er darauf hin sich auf einem Stück angesiedelt habe, das nur aus Sand- und Moorboden bestehe, und auf dem er längst schon verhungert wäre, wenn er nicht noch die Schenke hätte. Nun sollten die zwei neuen Fähren freilich nur Noth- fähren sein, und hernach wieder abgebrochen werden; aber was hernach komme, fresse der Wolf. Und das sei doch gewiß, daß eine Fähre ohne Schenke sich gar nicht halten könne. Die beiden anderen Fähren würden also auch Schenken einrichten wollen, und dann sei ihm für seine Person ganz gleich, ob die Franzosen heute oder morgen kämen und ihn mit Frau und Kindern todtschlü- gen; er für seinen Theil wolle lieber kurz todtgeschlagen werden, als langsam verhungern.

„Hans Haberkorn hat recht," schrie ein halbes Dutzend Stimmen.

„Pfui über den schlechten Kerl, der nur an sich denkt!" schrieen Andere und drängten nach dem Tisch, von welchem Hans Haberkorn schnell herabsprang. Aber alsbald war der Platz, den er geräumt, wieder einge- nommen von dem dicken Johann Mertens, der auf den Marschen zwischen dem Mohawk und dem Creek, dicht neben der Kirche, eine große Farm hatte und bei einigen für noch wohlhabender galt als der Herckheimer selbst. Jedenfalls konnte man sicher sein, daß Johann Mertens immer das Gegentheil von dem wollte, was Nikolaus Herckheimer und der Pfarrer Rosenkrantz wollten, von denen er behauptete, daß sie stets unter einer Decke steck- ten. Und mit diesem seinem Lieblingswort begann er

denn auch seine Rede, und was man wohl von einem
Plane halten könne, der zu Stande gekommen sei, ohne
daß man ihn, Johann Mertens, hinzugezogen, der doch
auch wohl ein Wort mitzureden und zehn Stück Rind=
vieh mehr als Leute, die er nicht nennen wolle, auf der
Weide habe, von den Schafen und den englischen Schwei=
nen, die er zuerst eingeführt, ganz zu schweigen. Und
das wisse doch jedes Kind, daß man die Schafe nicht
aus dem Stalle bringe, wenn ihnen das Dach über den
Köpfen brenne; und er möchte den sehen, der fünfzig
Schweine so schnell forttreiben könne, daß ihn ein lah=
mer Indianer nicht leicht überholte, geschweige denn ein
Dutzend, die laufen könnten. Und man möge nun von
Johann Mertens so oder so denken, aber er sei ein ehr=
licher Kerl, der mit seiner Meinung nicht hinter dem
Busch halte, und das wolle er nur gesagt haben

Die Rede des dicken Bauern war sehr confus ge=
wesen, und zum Theil in dem Fett seines Unterkinns
verloren gegangen; aber seine Anhänger, deren eine nicht
kleine Zahl war, gaben nur um so lauter ihren Beifall
durch Schreien und Johlen zu erkennen. Die Gegen=
partei blieb ihnen die Antwort nicht schuldig; ein un=
geheurer Tumult entstand, den selbst Nikolaus Herckhei=
mers machtvolle Stimme nicht zu übertönen vermochte.
Es schien, als ob die Berathung, an deren Ausgang das
Wohl und Wehe von Hunderten hing, durch den Un=
verstand und den Aberwitz von ein paar Dutzend in
eitel Verwirrung und Wüstheit endigen sollte.

Plötzlich stand neben Nikolaus Herckheimer eine Ge=
stalt, deren bloßer Anblick die tobende Versammlung mit

einem Schlage zur Ruhe und zum Schweigen brachte,
als sei ein Todter lebendig worden, und verlange zu
ihnen zu reden: die riesenlange, skelettartig hagere Ge=
stalt des alten Christian Dittmar, welcher die Knochen=
hände wie zur Beschwörung weit von sich streckte, wäh=
rend unter der dicken Pelzmütze das graue Haar in wil=
den Strähnen vom Winde um das geisterhafte Antlitz
gepeitscht wurde. Und der Christian Dittmar erhob seine
Stimme, die jetzt wahnsinnig kreischte und jetzt wie rollen=
der Donner klang, und sprach:

„So soll es denn in Erfüllung gehen, das Wort,
und die Sünde der Väter heimgesucht werden bis in
das dritte und vierte Glied! Ja, die Sünde unserer
Väter! Sie haben mit einander gezankt und gerechtet,
und die Arme erhoben wider einander, während die
fränkischen Wölfe die deutsche Hürde umheulten. Und
die Wölfe sind gebrochen in die Hürde und haben ge=
würgt und gemordet nach ihrer bösen Herzen Lust. Mir
haben sie die Eltern gemordet und die Brüder und die
Schwestern; ich habe es gesehen mit diesen meinen
Augen; und habe gesehen, wie meiner Eltern Haus in
Flammen aufging, und unserer Nachbarn Häuser brann=
ten, und die Stadt ein Trümmer= und Aschenhaufen
wurde — die schöne, stolze Stadt am Neckarstrand! Und
zwischen den Trümmern irrten heulende Weiber und
suchten unter der Asche nach den Gebeinen ihrer Gatten
und Brüder, und riefen: Wehe! wehe! und grimmer
Fluch über Euch, Ihr Henker und Mordbrenner! und
ich, ein schwaches Knäblein, rief es mit: Wehe, wehe!
und Fluch über Euch, Ihr Henker und Mordbrenner!

Und kam hierher nach manchen Jahren und fand sie wieder die schnöden, fränkischen Wölfe, welche die deutsche Hürde umheulten; und wieder war Hader und Streit in der deutschen Hürde, und ich haderte mit den Andern, und trennte mich von den Andern und zog aus mit meinem Weib und meinen Söhnen, Rache zu nehmen an Denen, die mir die Eltern erschlagen und meine ganze Sippe. Wie sah die Rache aus? wie vier brave Jungen, die zu ihres Vaters Füßen im Grase liegen, jeder mit einer Kugel in der Brust!"

Christian Dittmar schwieg ein paar Augenblicke; er mußte den Jammer niederkämpfen, der bei dieser Erinnerung in seinem Herzen aufstieg, dann aber fuhr er mit erneuerter Leidenschaft also fort:

„Und so habt Ihr gelitten und geblutet unter den gierigen Zähnen, früher und später. Ich aber, der ich mehr gelitten, als Ihr Alle, ich sage Euch: ich habe es verdient, weil ich der Stimme meines Herzens, das nach Rache schrie, blind gefolgt bin, und nicht gehört habe auf die Rede kluger Menschen; und so habt Ihr gelitten verdientermaßen, und werdet leiden, weil auch Ihr nicht hört, Ihr Thoren und Irrsinnigen! und auseinander rennen wollt, wie Ihr gekommen, der Eine hierhin, der Andere dorthin, damit die Wölfe doch ja wieder ein leichtes Spiel haben. Aber dann komme Euer und Eurer Kinder Blut über Euch, wie meiner Kinder Blut mit meinem eigenen über mich gekommen ist. Hier!"

Christian Dittmar riß die Pelzmütze vom Haupte. Eine breite, fürchterliche Narbe lief wie ein Strom von

Blut über die hohe, kahle Stirn, von einer der grauen Schläfen bis zur andern.

„Hier," wiederholte er, indem er mit dem Zeigefinger die Blutspur nachzeichnete: „hier! hier!"

Er fuhr sich mit beiden Händen nach dem Kopfe und brach mit einem dumpfen Schrei, der grausig durch die lautlose Versammlung schallte, zusammen. Nikolaus Herckheimer fing ihn in seinen Armen auf; aber alsbald raffte sich der alte Mann wieder auf, stieg mit Lamberts Hülfe, der schnell herzusprang, vom Tische herab, und schritt, auf den kräftigen Arm seiner Frau sich stützend, in Begleitung Lamberts, langsam durch die Menge nach dem Ausgang des Hofes.

„Habt Ihr's nun gehört," sagte Base Ursel zu den Andern, welche sich geschäftig=neugierig herzudrängten; „habt Ihr's nun gehört, Ihr Strohköpfe! Was steht Ihr hier herum und habt Maulaffen feil? Ich kann mit meinem Alten schon allein fertig werden. Geht lieber hin und thut, was er Euch gesagt hat. Bleibe Er auch hier, Lambert; und wenn Er hernach bei uns vorüber kommt, halte Er einen Augenblick an; ich habe noch mit Ihm zu sprechen."

Lambert hatte aus der langen Reihe schweifwedelnder Gäule, die in dem offenen Schuppen standen, die Pferde seiner Verwandten hervorgeholt und aufgezäumt. Nun half er dem Ohm, der wieder in seine frühere Stummheit zurückgefallen, und, nach der ungeheuren Erregung von vorhin, gänzlich theilnahmlos schien, in den Sattel; während Base Ursel unterdessen resolut einen Schemel herangeschoben und sich von demselben auf ihren

Gaul geschwungen hatte. Er blickte den Davoneilenden nach, bis sie die Fähre erreicht hatten, wo Hans Haber= korns ältester Junge, in Abwesenheit des Vaters, des Dienstes wartete, und kehrte zur Versammlung zurück, in welcher jetzt eine ganz andere Stimmung waltete.

Das Auftreten und die Worte Christian Dittmars hatten eine mächtige Wirkung ausgeübt. Jedermann kannte den „tollen Christian" und seine Geschichte, und daß er, seitdem er die Söhne verloren, verstummt war, und seine ältesten Freunde sich nicht mehr des Klanges seiner Stimme erinnern konnten. Und nun hatte der Stumme den Mund geöffnet, und hatte fürchterliche Worte gesprochen, die den in starrer Verwunderung Horchenden wie ein zweischneidig Schwert durch die Seele gefahren waren. Ja, ja, es war, wenn kein Wunder, doch ein Zeichen, ein grauses Zeichen, den abergläubischen Gemüthern verständlich genug! Wenn Menschen schwei= gen, werden Steine reden! Sie hatten freilich nicht ge= schwiegen vorher — im Gegentheil! aber sie hatten nicht gehört; sie wollten jetzt hören, den Herckheimer hören; der Herckheimer sollte ihnen noch einmal seine Meinung sagen!

Nikolaus Herckheimer that es, und mit ganz ande= rem Erfolge als das erste Mal. Man fand jetzt allge= mein, daß es so und nicht anders geschehen müsse, daß ein besserer Rath nicht könne erfunden werden. Und wenn die Franzosen diesmal den Canada=Creek aller Wahrscheinlichkeit nach als ersten Angriffspunkt wählen würden, so sei das ja für Lambert Sternberg und die Dittmars und die Eisenlords und die Andern sehr schlimm; aber das ließe sich doch eben nicht ändern. Und als nun Lambert auf dem Tisch erschien, und mit wenigen schlichten Worten sagte, daß er stolz darauf sei, den ihm gewordenen Auftrag zu übernehmen, und daß er bis zum letzten Hauch auf seinem Posten aushalten wolle, und er nun die jungen Männer, die ein Herz und eine gute Büchse für die gute Sache hätten, auf= forderte, gleich heute mit ihm zu ziehen, da riefen August und Fritz Volz und Christian Eisenlord und ein halbes Dutzend Andere: „Ich, ich!" wie aus einem Munde, und drängten herzu und machten sich gegenseitig den Rang streitig.

Nun wurden die Führer der drei berittenen Corps erwählt, welche den Mohawk hinauf und hinab und zwischen Mohawk und Creek den in die Forts Fliehen den behülflich sein sollten; sodann die Hauptleute für die Besatzungen der alten Fähre und der beiden neu anzulegenden; und eben so schnell fand man für die an= deren wichtigen Posten, welche noch zu besetzen waren, die rechten Männer. Der gute Geist, der die Versamm= lung ergriffen hatte, mochte nichts mehr hören von dem Zank und Streit, und die heimlich Grollenden, wie Hans Haberkorn, Johann Mertens, und Andere, hielten es für gerathener, ihren Widerspruch auf eine gelegenere Zeit aufzusparen.

Dennoch war es bereits spät am Nachmittage, als Nikolaus Herkheimer die Geschäfte für erledigt erklärte und den Pfarrer aufforderte, die Versammlung zu schlie= ßen. Der Pfarrer steckte seine Dose ein, trat auf den

Tisch und sprach mit kräftiger Stimme, durch welche eine tiefe Rührung deutlich hindurchklang:

„Lieben Nachbarn und Freunde! ich will Euch keine lange Rede halten, denn Ihr seid ungeduldig, nach Hause zu kommen zu Euren Frauen und Kindern. Ich will Euch nur ganz kurz auffordern, mit mir Gott zu danken, daß er unsere Herzen geöffnet hat dem Geist der Brüderlichkeit und Liebe, und ihn zu bitten, daß er diesen Geist in uns wach erhalte für die schlimmen Tage, welche jetzt hereindrohen. Dann wird das offene Herz und der wache Geist auch unsere Hand stark machen, und wir werden wohnen in einer festen Burg, welche ist unser Gott. Und der Fürst jener Welt, wie grausam er sich stellt, er wird nichts ausrichten gegen den alten Gott im Himmel, der seine braven Deutschen nicht verläßt. Und nun, lieben Nachbarn und Freunde, geht nach Hause, und haltet Eure Ohren steif und Euer Pulver trocken, und wenn Ihr morgen, wie wohl anzunehmen, mehr zu thun habt und nicht zur Kirche kommen könnt, so schadet das auch nichts, und Gott gebe uns Allen ein fröhliches Wiedersehen. Amen!"

„Amen! Amen!" ertönte es überall in der Runde der Männer, unter denen es jetzt wohl keinen gab, der den tiefen, feierlichen Ernst des Augenblicks nicht empfunden hätte. In Haber und Zank war man zusammen gekommen; in Frieden und Eintracht trennte man sich. Die Meisten gingen hin, um Nikolaus Herckheimer zum Abschiede die Hand zu schütteln und ihn noch besonders zu versichern, daß er in jedem Falle auf sie rechnen dürfe; die Ehre, von dem Pfarrer eine Prise zu erhal=

ten, wurde von so Vielen erstrebt, daß der brave Mann den Letzten nur noch lachend die leere Dose präsentiren konnte. Um Lambert hatten sich die jungen Leute geschaart, welche durchaus auf den gefahrvollen Posten gestellt sein wollten, und es bedurfte zuletzt der Autorität Herckheimers, damit die Wahl zu Stande kam. Mehr als vier, hatte Lambert erklärt, könne er nicht annehmen, da er selbst und Konrad denn doch auch noch dazukämen, und sechs gute Büchsen zur Vertheidigung des Hauses ausreichten; eine größere Zahl aber, falls sie ja eine längere Belagerung aushalten müßten, Proviant und Munition unnütz aufbrauchen würde. So sollte denn, um Niemand zu beleidigen, das Loos entscheiden, welches auf Fritz Volz vom Creek, Jakob Ehrlich und Anton Biermann vom Mohawk und auf Richard Herckheimer fiel. Lambert konnte mit dem Ausfall zufrieden sein. Es waren sämmtlich wackere junge Leute und wenigstens Fritz Volz und Richard Herckheimer seine speciellen Freunde. Man verabredete, daß die beiden letzteren, welche nahe genug wohnten, noch heute Abend ihren Posten beziehen, und die beiden Andern morgen früh sich einstellen sollten.

Nun endlich konnte Lambert — fast der Letzte Aller, die hier versammelt gewesen waren — sich von Nikolaus Herckheimer verabschieden. „Ich will Dich nicht länger aufhalten," sagte dieser, „obgleich ich noch manches mit Dir zu besprechen habe; ich komme morgen selber herübergeritten."

Lambert hatte nicht ungebührlich zur Eile gedrängt,

als er aber, drüben angekommen, den Eisenlords, den Teicherts und einem Dutzend Anderer, welche alle bei einem Glase von Hans Haberkorns Echtem, Alten das eben Gehörte und Beschlossene noch einmal durchsprechen wollten, die Hände geschüttelt; Fritz Volz ihm: „also auf Wiedersehen, Lambert, heute Abend!" nachgerufen, und er sich nun fester in die Bügel stellen und die Zügel schießen lassen konnte, — da athmete er doch hoch auf, und warf dann gleich wieder einen ängstlich prüfenden Blick nach dem Himmel, an welchem die Sonne ihren Lauf fast vollendet hatte. Es war vielleicht nur noch eine halbe Stunde bis zum Untergang. Links von ihm in der Ebene schimmerten und flimmerten die Felder und Marschen in rothen, blendenden Lichtern, daß er kaum die rothen Schindeldächer der Häuser erkennen konnte, und die Gestalten der heimkehrenden Reiter und Fußgänger nur dann und wann als dunklere Punkte in dem Feuermeer sichtbar wurden. Rechts, wo, je weiter er kam, die Hügel und Felsen immer näher an ihn heranrückten, glühten die gewaltigen Stämme der Riesentannen in dunklem Purpur und die zackigen Wipfel loderten in grüngoldenen Flammen zum wolkenlosen Himmel empor. Aber mit jedem Hufschlag des Pferdes sank die Sonne tiefer, und er hatte eben die Bellinger'sche Farm hinter sich, als das Feuermeer zur Linken in blauen Nebeln erloschen war, und gegen Abend nur noch die obersten Kuppen der höchsten Bäume dem scheidenden Gestirn des Tages nachglimmten. Unaufhaltsam brach der Abend herein, und mit wie gleichmäßig schnellem Tempo auch der wackere Gaul die kräftigen Hufe auf den grasigen Grund schlug, Lambert sah, daß er unter einer Stunde nicht würde zu Hause sein.

Eine namenlose Ungeduld ergriff ihn. Die Sehnsucht nach der Geliebten, welche er alle diese Stunden so wacker bekämpft, machte jetzt ihre Rechte geltend und füllte seine Brust, daß er kaum zu athmen vermochte. Die Minuten wurden ihm zu Stunden, und dann war es noch ein anderes quälendes Gefühl, ein Gefühl der Furcht vor einem Etwas, das er sich nicht vorstellen konnte, wofür er keinen Namen hatte, und das vielleicht deshalb um so grausenhafter war. Er hatte eine solche Empfindung in seinem Leben noch nicht gehabt, höchstens als Knabe, wenn er von schrecklichen Träumen geängstigt wurde, aus denen er vergebens aufzuwachen strebte. Lambert stöhnte laut und der Hans stöhnte unter dem Druck der Schenkel seines ungeduldigen Reiters.

So sprengte er dahin, ohne nach rechts oder links zu sehen, ohne bei Eisenlords oder bei Volz anzuhalten, obgleich die Weiber ihm überall von den Thüren ein: „Holla, Lambert, wohin so eilig!" zuriefen — schneller und schneller; zuletzt, was der Hans, der nun auch über das Benehmen seines sonst so verständigen Reiters ärgerlich geworden war, laufen wollte und konnte.

Base Ursel hatte gebeten, er möge auf dem Heimweg bei ihr vorsprechen, und war damit Lamberts eigenem Wunsche zuvorgekommen. Mußte er doch mit der Base wegen dessen, was ihm der Pfarrer aufgetragen, nothwendig sich verständigen! So hemmte er denn widerwillig, als er bis an die Dittmar'sche Wohnung gelangt war, sein schäumendes Pferd.

„Ist Er bei Trost, Lambert," sagte Base Ursel, die ihn hatte kommen hören und jetzt in die Thüre trat; „das arme Vieh ist wie eine Katze, die acht Tage im Wasser gelegen hat; und wie Er selbst aussieht! wie der Reiter aus der Offenbarung!"

„Mir ist, als hätte es ein Unglück gegeben — dort!" stammelte Lambert.

„Papperlapapp!" sagte Base Ursel. „Was soll's denn gegeben haben? Der Konrad — na, Lambert, ich sehe schon, man kann jetzt doch kein vernünftiges Wort mit Ihm sprechen; so reite Er denn in Gottes Namen weiter; ich habe meinen Alten eben zu Bett gebracht und ihm eine Schale Thee gegeben; so bin ich ganz frei und will noch auf ein Stündchen herüberkommen."

Sie gab dem Hans, der schon ungeduldig in die Zügel gebissen hatte, einen Schlag auf den nassen Hals. Lambert sprengte davon.

„Die Verliebten sind doch immer nur halb bei Trost;" sagte Base Ursel, ihm kopfschüttelnd nachschauend; „indessen, indessen — der Konrad ist ein Tollkopf und war heute Morgen, als hätte er den Verstand verloren. Man muß wirklich einmal nach dem Rechten sehen."

Und Base Ursel kehrte in's Haus zurück, nahm ihre Flinte vom Nagel und machte sich mit langen Schritten auf den Weg hinter Lambert her, der bereits in den Abendnebel getaucht war, welcher aus dem Creek in dichten Streifen emporstieg.

————

Zehntes Capitel.

Katharine war, als Lambert heute Mittag sich von ihr losgerissen, wie betäubt stehen geblieben. Die Ueberzeugung, zurückbleiben zu müssen, war ihr so plötzlich gekommen, der Entschluß, zurückbleiben zu wollen, so schnell gefaßt worden, die Ausführung dem Entschluß so auf dem Fuße gefolgt, daß jetzt, wo die Gestalten der Reiter hinter einer Biegung des Weges verschwanden, und sie sich nun wirklich allein fand, ihr war, als hätte sie einen bösen, ängstlichen Traum, aus dem sie jeden Augenblick erwachen müsse. Sie strich sich über Stirn und Augen; aber es war Alles wirklich: da stand die leere Krippe; da lag der Eimer, den die Liese umgestoßen; da das Reitkissen, das Lambert im letzten Augenblick abgeschnallt hatte; da waren in dem kurzen, zertretenen Grase die Spuren von den Hufen der Pferde; da war die offene Thür, in welcher sie Lambert eben noch gesehen — Katharine that ein paar verlorene Schritte, als wollte sie dem Geliebten nacheilen, und blieb dann stehen, die Hände auf das laut klopfende Herz gedrückt. Tiefe Wehmuth wollte sie überwältigen; aber sie kämpfte das Gefühl wacker nieder. „Er hat dich so oft ein muthiges Mädchen genannt," sprach sie bei sich, „und du wolltest jetzt weinen und klagen wie ein Kind, das die Mutter für ein paar Augenblicke allein gelassen hat. Er kommt ja bald zurück, gewiß, er kommt bald zurück."

Sie ging in das Haus, zu sehen, welche Zeit es

sei. Der Zeiger an der Schwarzwalder Uhr wies auf
zwölf. Die Entfernung bis zu Nikolaus Herckheimers
Haus betrug zwei Meilen. Rechnete sie auf den Hin-
und Herweg zusammen drei oder vier und auf die Berathung der Männer selbst zwei Stunden, so konnte
Lambert um sechs, sieben Uhr spätestens wieder da sein.
Das war eine lange Zeit freilich, aber es gab noch
mancherlei zu thun, und vielleicht kam auch Konrad heute
früher von der Jagd.

„Schon um Konrads willen mußte ich hier bleiben," sagte Katharine bei sich, während sie den Mittags-
tisch abräumte. „Er muß lernen, in mir seine Schwester
zu sehen, und er wird es, wenn wir ihm Vertrauen
zeigen, wenn wir keine Heimlichkeit vor ihm haben. Ach,
hätte ich ihn gestern schon als Bruder begrüßen dürfen!
Aber das läßt sich nachholen; das muß nachgeholt werden, heute noch, sowie er zurückkommt. Dann leben
wir friedlich beisammen und der wilde Mensch wird
finden, daß es gar nicht so übel ist, eine Freundin zu
haben, die für ihn sorgt, bis er selbst einmal ein Mädchen lieb hat, und sich ein Heim gegründet und ein Haus
baut, hier dicht neben uns, oder am Rande des Waldes,
den er so liebt. Das wird ein fröhlich-glückliches Leben
werden. Wir werden gute Nachbarschaft halten; ich
werde seine Frau lieb haben und sie mich."

Katharine hatte sich an den Heerd gesetzt, und
schaute, den Kopf in die Hand gestützt, mit halb geschlossenen Augen sinnend vor sich hin. Das Feuer auf
dem Heerde knisterte leise; die Wanduhr sagte Tik-tak;
auf der Wiese draußen sangen die Vögel, durch die weit

offne Thür schien die Sonne hell in den schattig=kühlen
Raum, und in dem breiten Sonnenstreifen, der bis an
ihre Kniee kam, tanzten die Staubatome, die wie goldene
Sterne aufleuchteten und funkelten und dahinschwebten
und durcheinanderspielten und sich zu haschen schienen.
Und dann waren es nicht mehr goldene Sterne, sondern
lachende Kindergesichter, die aus dem Halbdunkel des
Hintergrundes auftauchten, und bis an ihre Kniee kamen
und wieder in die dunklen Ecken huschten und daraus
hervorschauten mit leuchtenden, blauen, fröhlichen Augen.
Und dann war die Vision verschwunden; die Sonne
schien wieder still in den stillen Raum; das Feuer
knisterte, die Wanduhr sagte Tik=tak, und draußen auf
der Wiese sangen die Vögel.

Das junge Mädchen stand auf und ging von Neuem
an ihre Arbeit; aber es lag ein anderer Ausdruck auf
ihren sanften, unschuldigen Zügen, und andere Gedan=
ken, die ihr plötzlich, wie durch eine Offenbarung, ge=
kommen waren, füllten ihre Seele. Das bräutliche Ge=
fühl, das sie noch eben beseligt, hatte einem anderen
Platz gemacht, über das sie sich keine Rechenschaft zu
geben wußte: einem tieferen, ernsteren Gefühl, das sich
von jenem ersten unterschied, wie das Mittagslicht, das
jetzt draußen auf der Prairie und auf den Wäldern lag,
von dem Frühlicht heute Morgen. Das waren dieselben
nickenden Halme und dieselben ragenden Wipfel; es war
derselbe klare Bach, dasselbe sich wiegende Schilf — und
doch war Alles wie von leiser, mächtiger Zauberhand
verwandelt und sprach eine andere, geheimnißwebende,
geheimnißlösende Sprache. Jetzt erst wußte sie wirklich,

weshalb der geliebte Mann, der die Wahrheit und Of=
fenheit selber war, ihr so ängstlich wochenlang verschwie=
gen, daß sie allein mit ihm in seinem Hause leben
würde. „Allein! und wäre es nicht ebenso gekommen,
hätte er mir die Wahrheit gesagt! mir gesagt, daß er
mich liebe, daß er mich nicht als Magd haben wollte!
Wäre es nicht ebenso gekommen? habe ich ihn denn
nicht auch geliebt vom ersten Augenblicke an, und bin
ihm doch gefolgt durch die Städte der Menschen, durch
pfadlose Wildniß, auf wochenlanger Fahrt durch Regen
und Sonnenschein und Tag und Nacht in die unbekannte
Ferne! Was ist denn nun so anders? Habe ich mir
nicht angelobt, als wir Hand in Hand das Schiff ver=
ließen: Du sollst mein Herr sein! und heißt es nicht in
der Kirche, wenn der Priester die Hände der Liebenden
zusammenlegt: er soll Dein Herr sein! Ja, er soll mein
Herr sein, nun und alle Wege. Er soll mein Herr sein!"

So sprach Katharine bei sich, die seltsamen Schauer
zu bannen, die durch ihr Herz zogen, und ihr oft schier
den Athem benahmen, während sie in ihrer Kammer
die gestern Abend nur flüchtig gemachte Einrichtung ver=
vollständigte, und ihre wenigen Habseligkeiten in einem
Schränkchen ordnete, das in der Dicke der Balkenwand
angebracht war. Dann, als es hier nichts mehr zu thun
gab, stieg sie — zum ersten Male — die Treppe hinauf
nach dem obern Stock, und umschritt die rings um das
Haus laufende Gallerie, welche mehrere Fuß über den
untern Stock vorsprang, und an den Seiten mit einer
aus starken Planken wohlgefügten und mit Schießscharten
versehenen hohen Brustwehr umgeben war. Mit Aus=

nahme des einen dürftig genug ausgestatteten Verschla=
ges, in welchem die Brüder heute Nacht geschlafen, war
der übrige Raum, der im Winter als Vorrathsboden
benutzt wurde, für den Augenblick leer, oder diente als
Aufbewahrungsort für Alles, was unten nicht Platz
fand. Katharine vertiefte sich in den Plan, den sie heute
Morgen gemeinsam mit Lambert entworfen, für sie Beide
hier, wo Alles luftiger und freier war, eine kleine be=
hagliche Wohnung herzurichten. Aber ohne Lambert
wollte es mit dem Plänemachen nicht recht fort.

So stieg sie die Treppe wieder hinab und sah zu
ihrer Verwunderung an der Uhr, daß, seit Lambert
sie verlassen, erst eine Stunde vergangen war. Sie
nahm eine Arbeit und setzte sich mit derselben auf die
kleine Bank vor der Thür in den Schatten der Gallerie.

Es war die Stille des Tages. Der Wind hatte
sich ganz gelegt, kaum, daß hier und dort ein längerer
Halm auf der Wiese und das Schilf am Bachesrande
nickte. Mit matteren Schwingen zogen die Schmetter=
linge von einer Blume zur andern; schläfrig klang das
Summen der Bienen und das Zirpen der Cikaden, die
der ungewöhnlich warme Tag hervorgelockt hatte. Kein
Laut sonst in der weiten Runde; manchmal nur aus
dem Walde der heisere Schrei des Baumfalken oder der
Ruf eines Vogels, den Katharine nicht kannte. Am
blauen Himmel schwebten einzelne weiße Wolken, deren
Schatten langsam, langsam über die sonnige Prairie
weiter rückten.

Katharine hatte sich anfänglich dieser sonnigen Ruhe
gefreut, welche nur ein Spiegelbild schien der Sabbath=

stille, die ihre Seele erfüllte; aber sie mochte kaum eine Stunde so gesessen haben, als die Einförmigkeit der Scene um sie her ihr Herz mit einer sonderbaren Bangigkeit ergriff. Wie ganz anders war das heute Morgen gewesen! Da hatten Himmel und Erde und Baum und Busch und jede Blume und jeder Grashalm ihr Willkommen zugelächelt und zugenickt, hatte Alles eine so beredte Sprache zu ihr gesprochen! Und jetzt, da der Geliebte fern, war Alles verstummt, bis auf das eine Wort, das ihr aus Himmel und Erde, aus Baum und Busch, aus jeder Blume, jedem Grashalm immer schwermüthiger entgegenathmete: allein! allein!

Katharine ließ ihre Arbeit in den Schooß sinken. Ein Bild, das viele Jahre in ihrer Erinnerung wie ausgelöscht gewesen, trat plötzlich in bleichen Farben und doch so deutlich vor sie hin: das Bild ihrer todten Mutter, die mit Blumen geschmückt im Sarge lag; und sie — ein kleines zehnjähriges Mädchen — hatte daneben gestanden und der Vater war herzugetreten und hatte sie an der Hand genommen und gesagt: Wir Beide sind nun allein!

Allein!

Immer banger wurde es Katharinen um's Herz. Sie versuchte, indem sie ihre Arbeit wieder zur Hand nahm, ein Lied zu singen, das ihr immer einfiel, wenn sie so still dasaß: „Wär' ich ein wilder Falke, ich wollt' mich schwingen auf!" Aber so leise sie auch einsetzte, sie kam nicht über die ersten Takte hinaus; ihre Stimme klang ihr seltsam fremd; sie fürchtete sich vor ihrer eigenen Stimme.

Vielleicht wurde es besser, wenn sie nach dem Wirthschaftshof ging, wo sie heute Morgen mit Lambert gewesen; wo sie heute Morgen mit Lambert so selige Augenblicke verlebt!

Sie stand auf und schritt den Pfad hinab, eilends, zuletzt fast laufend, und lehnte jetzt mit hochklopfendem Herzen an dem Gatter der Koppel. Die Schafe, die in der Nähe gestanden, stoben davon, und blickten sie aus einiger Entfernung mit den blöden Augen erschrocken an. Auf dem Hofe war Alles still. Die Hühner und Puter waren in die Prairie gelaufen. Als sie, wieder umkehrend, in die Nähe der Obstbäume kam, in deren Blüthenzweigen heute Morgen das Rothkehlchen so lieblich gesungen, brach ein brauner Raubvogel daraus hervor, und eilte mit weitem Flügelschlag dem Walde zu; auf dem Boden im Grase lagen ein paar bunte Federchen.

Trauriger, als sie gegangen, kam Katharine nach dem Hause zurück und setzte sich wieder vor die Thür, mit dem festen Entschluß, nun ruhig auszuharren, und die Schwermuth zu bekämpfen.

So saß sie geduldig lange, endlose Stunden. Goldiger wurden die Lichter in den grünen Kuppen der Wälder drüben, tiefer und breiter die Schatten, die an dem Rande lagerten; eines nach dem andern trat das Dammwild heraus, bis endlich ganze Rudel an dem Walde hinäf'ten. Von Zeit zu Zeit zogen Schwärme von Tauben blitzschnell über die Prairie von einer Seite des Waldes zur anderen; hoch über ihnen segelten langsam durch den glanzvollen Aether Ketten von wilden Gänsen, mit eintönigem Geschrei die Luft erfüllend, bis

Alles in das alte Schweigen zurücksank, und Katharine wieder das Sausen ihres Blutes in den Schläfen hörte.

Sie konnte es nicht mehr ertragen. Es fiel ihr ein, daß sie in dem Hause auf einem Regal, welches zu hoch gewesen, als daß sie es hätte erreichen können, ein paar Bücher gesehen hatte. Sie lief hinein, rückte den Tisch heran, stellte einen Schemel darauf und holte die Bücher herab.

Es waren ihrer zwei, in Schweinsleder gebunden, arg verstäubt und von den Würmern zernagt: eine Bibel und ein Historienbuch, wie es schien. Katharine schlug die Bibel auf. Das Geschriebene auf dem ersten Blatte war zum Theil in lateinischer Sprache, welche die Pfarrertochter hinreichend verstand, um, wenn auch nicht ohne einige Mühe, zu entziffern, daß dieses Buch Lambert Konrad Emanuel Sternberg gehört habe, weiland Studiosus der Theologie in Heidelberg, der im Jahre des Herrn 1709, nachdem in dem fürchterlichen Winter, da der Wein in den Fässern und der Vogel in der Luft gefror, seine Eltern, einst wohlhabende Winzer in der Pfalz, ihr Alles verloren in Gemeinschaft mit dem jungen Böttcher, Christian Dittmar aus Heidelberg, einem großen Zuge von Auswanderern nach Amerika sich angeschlossen, allwo er nach langer, beschwerlicher Fahrt den Rhein hinab über Holland nach England am 13. Juni 1710 mehr todt als lebendig angekommen. Und habe sich mit seinen Freunden und Leidensgenossen am Hudson angesiedelt, wo er sein Leben in Ruhe und Frieden zu beschließen hoffe.

Dieser fromme Wunsch war indeß nicht in Erfüllung

gegangen. Weitere Notizen, die dieser zusammenhängenden Erzählung folgten, und die jetzt in deutscher Sprache geschrieben waren, beinahe, als hätte der Schreiber mittlerweile sein Latein verlernt, besagten: wie er vom Hudson nach dem Mohawk, von dort nach dem Schoharie und endlich an den Canada-Creek gezogen sei, zusammen mit seinem treuen Gefährten Christian Dittmar.

Dann war auch das Datum seiner Verheirathung mit Elisabeth Christiane Frank vom Schoharie, der jüngeren Schwester von Ursula, seines alten Freundes und nunmehrigen Schwagers Frau, verzeichnet; die Geburtstage seiner Söhne Lambert und Konrad und der Tod Christianens.

Mit diesem traurigen Ereigniß mochte für den alten Heidelberger Studenten das Buch seines Lebens geschlossen sein; er hatte keine Zeile mehr dazu geschrieben.

Katharine starrte nachdenklich auf die vergilbte Schrift, klappte leise den Deckel zu und öffnete das zweite kleinere Buch. Es war betitelt: Beschreibung der Verstörung der Stadt Heidelberg am 22. und 23. Mai 1689. Mechanisch begann sie zu lesen, bis sie allmälig dessen inne wurde, was sie las, und mit einem dumpfen Angstschrei aufsprang. Großer Gott, was hatte sie gelesen! War es möglich, daß Menschen so gegen Menschen ras'ten! Daß es Wüthriche gab, denen das Silberhaar des Greises, die Keuschheit der Jungfrau, das unschuldige Lächeln des Kindes — denen nichts, nichts heilig war! war es möglich!

Weshalb nicht? Waren die Banden unter Soubise, die in den Städten und Dörfern ihrer Heimath gehaust, und deren kalte Grausamkeit und wüste Frechheit ihren alten Vater und sie und alle ihre Nachbarn und Freunde aus der trauten Heimath über das Meer getrieben — waren es nicht die würdigen Söhne und Enkel jener Räuber, die unter Melac und de Borges die Pfalz verbrannt und Heidelberg zu einem Schutthaufen gemacht hatten?

Weshalb nicht? Hatten sie nicht so, gerade so im vorigen Jahre hier gehaust, zusammen mit den Indianern, ihren Bundes- und Gesinnungsgenossen? Hier in diesen Bergen, diesen Thälern, diesen Wäldern? Dieselben Franzosen, die jetzt wieder drohten? deren Herannahen schon verkündet war? Entsetzlich! entsetzlich!

Das arme Mädchen hatte bis zu diesem Augenblick, so weh und beklommen es ihr auch um's Herz gewesen, keine Furcht vor irgend einer bestimmten Gefahr empfunden. Jetzt überfiel sie diese Furcht mit jäher Gewalt. Sie spähte mit starren Augen an dem Rand des Waldes hin, aus dessen geheimnißvollem Schweigen sie ja jeden Augenblick hervorbrechen konnten. Sie horchte mit gespanntem Ohr in die Ferne, bis das Blut in ihren Schläfen zu sieden schien und schier die Adern sprengen wollte. Allbarmherziger Gott! was sollte aus ihr werden! Wie hatte Lambert sie in dieser fürchterlichen Oede lassen können: er, der so lange ihr Schutz und Schirm gewesen, der sie behütet, wie seinen Augapfel! Wenn doch nur Konrad käme? es war ungefähr um dieselbe Zeit, als er gestern heimkehrte! nein, es war später — die Sonne war ja schon untergegangen, und jetzt hing sie noch über dem Walde; aber weshalb sollte er heute eben so lange ausbleiben! und wer konnte sie nächst Lambert besser beschützen, als Lamberts Bruder, der Starke, Kühne, der seinen Fuß nur über eines Hauses Schwelle zu setzen brauchte, damit sich die Bewohner sicher fühlten! So hatte Lambert noch heute Morgen gesagt! Warum blieb er jetzt aus, wo er so sehnlich herbeigewünscht wurde!

Katharine drückte ihre Hände gegen ihre pochenden Schläfen. Was sollte sie thun? was konnte sie thun, als ausharren und versuchen, die Angst, die gewiß kindische Angst zu beschwichtigen? Da neben ihr lag die Bibel; sie hatte so oft in trüben Stunden Ruhe und Trost aus dem theuren Buche geschöpft! Sie griff darnach und las, wohin eben ihr Auge fiel:

„Und der Herr sahe gnädiglich an Abel und sein Opfer.

Aber Kain und sein Opfer sah er nicht gnädiglich an. Da ergrimmte Kain sehr und seine Geberde verstellete sich.

Da sprach der Herr zu Kain: warum ergrimmest Du? und warum verstellet sich Deine Geberde?

Da redete Kain mit seinem Bruder Abel. Und es begab sich, da sie auf dem Felde waren, erhub sich Kain wider seinen Bruder Abel und schlug ihn todt."

Die Schrift flimmerte vor ihren Augen; mit einem dumpfen Angstschrei sprang die Entsetzte auf. Kain erschlug den Abel! Kain erschlug den Abel! Und sie hatte ihn herbeigewünscht, ihn, den Fürchterlichen! ihn, der heute Morgen mit grimmiger Geberde die entsetzlichsten Drohungen ausgestoßen! Nein, nein, er durfte nicht

zurückkommen; er durfte sie hier nicht allein finden! er
durfte sie nie wieder sehen! sie mußte fort — Lambert
entgegen! sie mußte ihn warnen, ihm sagen, daß sein
Bruder ihn erschlagen würde, um ihrethalben! Daß er
sie aufgeben müsse, oder mit ihr fortziehen müsse, in die
weite Welt; fliehen müsse vor dem Bruder; sie, sich selbst
retten müsse vor dem fürchterlichen Bruder!

Als ob das Blockhaus hinter ihr in Flammen
stände, so eilte Katharine von der Schwelle, den Hügel
hinab, dem Bache zu, am Bache entlang, ohne sich um=
zusehen, ohne zu bemerken, daß sie die entgegengesetzte
Richtung eingeschlagen, daß sie sich mit jedem Schritte
nur weiter von Lambert entfernte. Endlich, als sie zu
der Brücke gelangte, wo sie gestern Abend von Lambert
eingeholt war, wurde sie ihres Irrthums inne. Nun
wollte sie umkehren, aber ihr war wie einem Schiff=
brüchigen, den die Welle, die ihn an das Land tragen
sollte, wieder in's Meer zurückreißt. Unentrinnbar schien
das Verderben, dem sie hatte entfliehen wollen. Nicht
mehr fähig, einen weiteren Entschluß zu fassen, gänzlich
der Kraft beraubt, sank sie zusammen, und, als müsse
sie hier den erwarteten Todesstreich empfangen, neigte sie
das Haupt und bedeckte das Gesicht mit den Händen.

„Katharine!"

Langsam zog sie die Hände von dem todesbleichen
Gesicht, und blickte Konrad, der, die Büchse über der
Schulter, den Hund auf seinen Fersen, als wäre er aus
dem Schilf des Ufers emporgetaucht, vor ihr stand, mit
leeren Blicken an. Sie war ja auf sein Kommen vor=
bereitet; sie wußte ja, daß er kommen würde. Sie fühlte

auch das namen= und wesenlose Entsetzen von vorhin
nicht mehr; im Gegentheil: eine sonderbare Ruhe war
plötzlich über sie gekommen, und mit ruhigem Tone
sagte sie:

„Du kommst spät; ich habe Dich erwartet."

„Wirklich?" sagte Konrad.

Auch er war sehr bleich und der Ausdruck seines
Gesichtes seltsam verändert; Katharine bemerkte es wohl,
aber es konnte sie in dem Entschlusse, die Entscheidung,
und koste es ihr Leben, sofort herbeizuführen, nicht irre
machen. Sie richtete sich nicht ohne Mühe, — denn die
Glieder waren ihr wie abgestorben — aus ihrer halb
knieenden Stellung auf, und sagte, indem sie mechanisch
nach dem Hause zurückzugehen anfing:

„Ich habe Dich erwartet, weil ich Dir, bevor ich
Euer Haus verlasse, gern etwas gesagt hätte."

Konrad stutzte; Katharine fühlte es, trotzdem sie die
Augen auf den Boden gerichtet hielt; dennoch fuhr sie
fort, indem sie unwillkürlich schneller ging.

„Was ich Dir heute Morgen nicht habe sagen kön=
nen, weil es erst seitdem geschehen ist. Ich habe mich
mit Deinem Bruder verlobt."

Sie erwartete, daß jetzt der Ausbruch erfolgen würde,
aber Konrad blieb schweigend an ihrer Seite.

„Ich habe mich mit ihm verlobt," sagte Katharine —
und ihre Stimme wurde fester, während sie sprach —
„heute Morgen, nachdem Du fort warst, und weiß nicht,
wie es gekommen ist. Ich weiß nur, daß Lambert mehr
für mich gethan hat, als je ein Mensch, meinen alten
guten Vater, der nun auch tobt ist, etwa ausgenommen;

und daß ich ihm mein Leben verdanke, und daß deshalb
mein Leben ihm gehört; und daß er es hätte von mir
haben können, zu jeder Zeit, wenn er es von mir ge=
fordert hätte. Er hat es auch heute nicht von mir ge=
fordert; ich habe es ihm gegeben, freiwillig; mein Leben
und mein Lieben, denn das ist Eins. Und nun —"

„Und nun?" fragte Konrad.

„Nun muß ich fort, wenn Du der gute Bruder nicht
bist, den Lambert so liebt; wenn Du die bösen Worte,
die Du heute Morgen gesprochen, zu bösen Thaten machen
willst. Wie könnte ich dableiben? bleiben und sehen, wie
ich Unfriede gesäet habe zwischen Bruder und Bruder,
jetzt, wo Ihr Schulter an Schulter dem bösen Feinde
gegenüberstehen müßt. Wohin ich gehen soll, — ich weiß
es nicht; ich weiß nur, daß ich nicht bleiben kann, so
lange Du Deinem Bruder zürnst um meinethalben. Aber,
Konrad, sieh, während ich so spreche, ist mir, als ob es
ganz unmöglich sei, daß Du Dich zwischen mich stellen
könntest und Deinen Bruder."

„Weshalb unmöglich?" fragte Konrad.

„Weil Du Deinen Bruder liebst," erwiederte Katha=
rine, die immer muthiger wurde, je länger sie sprach;
„und alle Ursache hast ihn zu lieben, und weil Du mich
nicht liebst, ich meine, wie Lambert mich liebt. Weshalb
solltest Du auch? Du kennst mich ja gar nicht; hast mich
gestern zum ersten Male gesehen, und heute Morgen ein
paar Minuten. Und wenn ich Dir wirklich gefallen
habe, und Du hörst nun, daß ich mein Herz bereits weg=
gegeben, und an Deinen Bruder, — was könntest Du,
als ein braver Mensch, anders thun, als Dich unseres

Glückes freuen, wie wir uns freuen würden, wenn Dir der Himmel ein gleiches Glück beschieden, was, wie ich gewiß hoffe, bald geschehen wird."

Sie waren vor dem Hause angelangt. Die Dogge, welche mit langen Sätzen vorausgeeilt war, kam ihnen wedelnd entgegen, und sprang an ihrem Herrn empor. Konrad drängte das Thier von sich; aber nicht mit seiner gewöhnlichen rauhen Heftigkeit; seine Miene war mehr traurig als zornig, seine Bewegungen die eines tief Ermüdeten. Er ließ sich auf die Bank sinken, auf welcher noch Katharine's Arbeit und die Bücher lagen, und stützte, den Ellenbogen auf's Knie stemmend, die Stirn in die Hand.

„Du bist hungrig und durstig von der langen Jagd;" sagte Katharine; „darf ich Dir das Abendbrod bereiten?"

Konrad schüttelte das Haupt. Aus Katharine's Seele war alle Furcht entschwunden; ja, wie sie jetzt den Wilden, Unbändigen so still, so in sich versunken da sitzen sah, regte sich in ihrem Herzen stärker und stärker ein anderes Gefühl.

„Konrad," sagte sie leise.

„Konrad," wiederholte sie, und sie legte ihm die Hand auf die Schulter; „ich will Dich gewiß auch recht lieb haben."

Ein dumpfes Stöhnen, wie eines Thieres, das auf den Tod getroffen ist, brach aus Konrads breiter Brust; er schlug die beiden Hände vor das Gesicht, und weinte laut, wie ein Kind; und wie eines Kindes leichte Gestalt wurde der Leib des riesengewaltigen Mannes von der Leidenschaft geschüttelt, die in ihm wühlte.

Katharine stand einen Augenblick hülflos, sprachlos da; dann drangen auch aus ihren Augen warme Thränen, und mit den Thränen fand sie Worte, milde, gute Worte des Mitleids, des Trostes. Sie sagte ihm wieder und wieder, daß sie ihn lieb haben wolle, daß sie ihn lieb habe, wie nur je eine Schwester den Bruder lieb gehabt; daß sein junges, leidenschaftliches Herz zur Ruhe kommen, daß er in ihr seine Schwester sehen, und in diesem Gefühl ein reines Glück finden würde, bis auch ihm in der Liebe zu einem wackeren Mädchen ein anderes Glück erblühe, an welchem Niemand innigeren Antheil nehmen würde, als sie und Lambert.

„Nenne seinen Namen nicht!" schrie Konrad

Er war aufgesprungen, an allen Gliedern vor Zorn bebend, seine Augen loderten; er hatte den Lauf der Büchse, die neben ihm gelehnt hatte, krampfhaft erfaßt.

„Du denkst mich mit Worten abzuspeisen; mir die glatten Worte und ihm die Küsse; ich habe es heute im Walde gesehen, wie schön Du küssen kannst!"

Und er brach in ein gelles Gelächter aus; Katharine wich entsetzt zurück.

„So," sagte Konrad, „das ist Dein wahres Gesicht! liebst Du mich noch wie eine Schwester ihren Bruder?"

„Wenn Du so unbrüderlich bist, nein;" sagte Katharine; „aber Du weißt nicht, was Du sprichst."

„Wirklich nicht!" knirschte Konrad.

„Und nicht, was Du thust," sagte Katharine. „Du würdest Dich sonst schämen, ein armes, hülfloses Mädchen so zu quälen."

Sie lehnte gegen den Pfosten der Thür, bleich

und zitternd, die Hände über der Brust gefaltet, die großen Augen unverwandt auf den Zornigen gerichtet, der vergebens versuchte, ihrem Blick zu begegnen, und wie ein wildes Thier vor ihr auf und niederras'te.

Da schlug die Dogge an, und in demselben Momente wurde der dumpfe Hufschlag eines Pferdes vernehmbar, das in vollem Lauf herankam. Entsetzen faßte Katharinen: wenn Lambert jetzt zurückkehrte, — und es konnte nur Lambert sein — was sollte daraus werden!

„Konrad!" rief sie, „Konrad, es ist Dein Bruder!"

Und, von einer überwältigenden Empfindung getrieben, stürzte sie vor ihm nieder und umklammerte seine Kniee.

„Laß mich!" schrie Konrad.

„Nicht, bis Du geschworen, daß Du ihm kein Leid thun willst!"

„Laß mich," schrie Konrad noch einmal, und er riß sich gewaltsam los; Katharine taumelte empor, strauchelte und stürzte; ihr Kopf schlug heftig gegen die hohe Schwelle der Thür; die Besinnung wollte ihr vergehen; aber sie raffte sich mit einer ungeheuren Anstrengung wieder auf, als zornige Stimmen an ihr Ohr schlugen, und warf sich zwischen die Brüder.

„Um Gottes willen, Lambert, Konrad! lieber tödtet mich! Konrad, es ist Dein Bruder; Lambert er weiß nicht, was er thut!"

Die Brüder ließen von einander und sahen sich mit funkelnden Augen an, keuchend; Lambert war die Büchse bei dem Ringen auf die Erde geglitten, Konrad hielt die seine halb erhoben in den starken Händen.

„Nun," sagte Lambert; „warum schießest Du nicht?"

„Ich will Dein Leben nicht," sagte Konrad; „wenn ich es wollte, ich hätte es heute Morgen haben können."

„Was willst Du denn?"

„Nichts von Dir; weshalb bist Du gerade jetzt gekommen; Du solltest mich nicht wieder sehen. Aber da wir doch noch einmal zusammengetroffen sind, so laß Dir gesagt sein, daß es das letzte Mal gewesen sein muß. Geh' Du Deine Wege, und laß mich die meinen gehen!"

Er warf die Büchse mit einer heftigen Bewegung auf die Schulter, und wandte sich. Lambert vertrat ihm den Weg.

„Konrad," sagte er, „Du darfst nicht fort; ich will vergessen, daß Du die Hand gegen mich erhoben, vergiß Du auch, daß ich es gethan. Bei dem Andenken unseres Vaters, bei dem Andenken unserer Mutter beschwöre ich Dich: geh' nicht von Deinem Elternhause!"

„Es ist zu klein für uns Alle;" sagte Konrad mit bitterem Hohn.

„So wollen wir es verlassen; ich will es gern, wenn Du nur bleibst."

„Ich brauche kein Haus," sagte Konrad.

„Das Haus aber braucht Dich, damit Du es vertheidigen hilfst gegen den bösen Feind. Oder möchtest Du es in Flammen aufgehen sehen? Du weißt, daß der Franzose in Anmarsch ist, weißt vielleicht mehr davon als ich, als wir Alle; und wir haben Dich heute schmerzlich vermißt. Willst Du zum Verräther werden an der gemeinsamen Sache, an Deinem Bruder, Deinen Freun=

den, an den Weibern und Kindern? Konrad, Du darfst nicht fort!".

„Damit Ihr Euch wieder verkriechen könnt, wie damals!" rief Konrad: „ich will mich nicht verkriechen; ich will offen kämpfen; ich will's auf meine eig'ne Hand, ganz allein, und dann mögt Ihr hier in Euren Löchern zu Grunde gehen oder nicht, mich soll's nicht kümmern. Mein Blut komme über mich, wenn ich je wieder einen Fuß über diese Schwelle setze!"

Er drückte sich die Pelzmütze in die Augen, pfiff seinem Hund, und schrie, als das treue Thier, das seine Runde um den Hof machte, nicht kam:

„So bleibe auch du hier! Fluch über euch Alle!"

Das war das letzte Wort, welches Katharine noch vernahm. Die furchtbare, seelische Erregung dieser Stunden hatte ihre Kräfte aufgezehrt, und der Fall, den sie vorhin gethan, sie vollends erschüttert. Sie fühlte einen stechenden Schmerz in den Schläfen, es sauste ihr vor den Ohren: nur wie durch einen Schleier sah sie noch Lamberts Gestalt sich über sie beugen, und dann war es nicht Lambert, sondern Base Ursel, und dann versank Alles um sie her in tiefe Nacht.

Elftes Capitel.

Base Ursel hatte an Katharine's Lager in der Kammer gesessen, sorgsam jede Regung des jungen Mädchens beobachtend, das bleich, mit geschlossenen Augen im Halbschlaf, wie es schien, dalag; auch wiederholt ihren Puls gefühlt und die kalten Umschläge auf der Stirn erneuert. Jetzt beugte sie sich wieder über sie hin, horchte auf die ruhigeren Athemzüge, nickte dann zufrieden und murmelte: „Na, das hätte nun weiter nichts zu sagen; jetzt wollen wir einmal nach dem Jungen sehen."

Sie erhob sich, und verließ so leise, wie es ihre plumpen Stiefel erlauben wollten, die Kammer, ein unwilliges Gesicht schneidend, als die Thür, so sacht sie dieselbe auch zudrückte, ein wenig knarrte. Lambert, der am Heerd gesessen hatte, hob den Kopf und blickte der Eintretenden aus ängstlich fragenden Augen entgegen. Base Ursel nahm an seiner Seite Platz, stemmte die Füße gegen den Heerd und sagte in einem Ton, der ein Flüsterton sein sollte, und bei ihrer tiefen rauhen Stimme doch nur ein dumpfes Knurren wurde:

„Na, Lambert, auf der Seite" — sie machte dabei mit dem großen Kopf eine Bewegung nach der Kammer — „geht es soweit ganz gut. Das Mädchen ist ein braves Kind und wird morgen wieder fest in ihren Schuhen stehen. Wenn wir Frauensleute über Eure Dummheiten immer gleich sterben wollten, hätten wir viel zu thun."

Lambert ergriff die Hand der guten Frau; Thränen standen ihm in den Augen. Base Ursel wußte nicht, wie es zuging, aber auch ihre Wimpern wurden feucht. Sie athmete ein paar Mal tief, und sagte: „Schäme Er sich, Lambert, Er hat wirklich ein Herz wie ein junges Huhn; und dabei fällt mir ein, daß ich eigentlich den ganzen Tag nichts gegessen habe. Gieb Er mir doch einmal ein Stück Brod und Schinken, oder was Er hat,

und wenn noch ein Schluck Rum da in der Flasche ist,
so kann es auch nicht schaden; aber thue er zwei Drittel
Wasser dazu. Ein ordentlicher Mensch sollte das feurige
Zeug gar nicht anders trinken; und nun wollen wir ein=
mal ein vernünftiges Wort sprechen, Lambert. Wir
brauchen uns nicht zu geniren: das Mädel schläft so fest,
daß sie vor sechs Stunden nicht wieder aufwacht."

Lambert hatte das Gewünschte aus dem Küchen=
schrank genommen; Base Ursel rückte ihren Stuhl an den
Tisch, und sagte, während sie sich's trefflich schmecken ließ:

„Weiß Er, Lambert, daß das Mädel ein Schatz ist?"

Lambert nickte.

„Und daß weder Er, noch der Konrad, noch irgend
ein Mannsbild in diesem irdischen Jammerthal gut ge=
nug für das Mädchen ist?"

Lamberts Augen sagten: Ja.

„Ich habe sie mir jetzt erst recht genau angesehen,"
sagte Base Ursel, „wie sie so dalag, weiß und blutend
wie die Taube heute Morgen. Da ist kein böser oder
schiefer Zug in dem ganzen lieben Gesicht; Alles die
lautere Reinheit und Unschuld, als hätte Gott der Herr
das Himmelsfenster aufgemacht und sie auf die Erde
herabgesandt. Ach, du guter Gott! und nun denken zu
müssen, daß so ein lieber Engel zu all dem Leid und
Kreuz auserfehen ist, welches unser Erbtheil ist von un=
serer Evamutter an — es ist zu schrecklich! Indessen,
Lambert, recht bei Licht betrachtet, kann Er schließlich
nichts dafür, denn Er hat die Welt nicht gemacht, und
ist, Alles in Allem, ein guter Mensch, ja, ein recht guter
Mensch, Lambert, und was Base Ursel thun kann, Ihm

den Weg zu Seinem Glück zu ebnen, das soll von Her=
zen geschehen, Lambert. Ja, wahrhaftig, Lambert, das
soll es."

„Ich danke Euch, Base," erwiederte Lambert; „ich
kann wohl sagen, ich war immer von Eurer Güte über=
zeugt, und habe stets auf Euch gerechnet; aber ich fürchte,
jetzt kann uns Niemand mehr helfen. Wie soll ich mit
ihr vor Gottes Altar treten, wenn ich weiß, daß mir der
Bruder mein Glück mißgönnt? und wenn ich es könnte,
Katharine würde den Gedanken nicht ertragen, daß sie
es ist, um derentwillen mir Konrad unversöhnlich zürnt.
Sie weiß, wie ich den Jungen geliebt habe, wie ich ihn
noch liebe! Ich könnte mein Blut für ihn verspritzen!
und er muß sich so von mir, von uns lossagen! und
gerade jetzt! gerade jetzt!"

Lambert stützte die Stirn in die Hand; auch auf
Base Ursels rauhem Gesicht lag eine tiefe, rathlose Trau=
rigkeit; sie wollte Lambert etwas Tröstliches sagen; aber
sie fand nichts. Lambert fuhr fort:

„Ich zürne ihm ja nicht; wie sollte ich auch? Ihr
wißt, Base, wir schwankten lange Zeit, ob er nicht an=
statt meiner nach New=York gehen sollte, da er sich leichter
frei machen kann als ich, und wir es auch für gut hiel=
ten, wenn er einmal hinaus unter andere Menschen
käme. Da hätte ja er Katharine finden können, und er
würde gewiß ebenso gehandelt haben, wie ich, und wer
weiß, wie Alles dann sich gefügt hätte."

Base Ursel schüttelte den großen Kopf.

„Versündige Er sich nicht, Lambert," sagte sie; „ich
habe immer noch gefunden, daß es, Alles wohl erwogen,

immer just so hat kommen müssen, wie es gekommen ist. Und damit Punktum."

„Ich kann mir ja auch nicht denken, es hätte anders kommen können," erwiederte Lambert; „so wenig, wie ich mir denken kann, daß dies nicht meine Hand ist, und doch möchte ich sie hingeben, könnte ich Konrad dafür wieder gewinnen."

„Und ich meine beiden Hände und meinen alten Kopf dazu," sagte Base Ursel, „könnte ich damit bewirken, daß meine vier Jungen da lebendig zur Thür hereinträten. Lambert, Lambert, lasse Er sich sagen: Wenn und Aber sind ganz schöne Dinge; nur muß man sie sich vom Leibe halten, sonst wird man darüber verrückt, Lambert; ich hab's an mir erlebt und meinem Alten."

„Aber Konrad ist nicht todt," rief Lambert; „da kann ja nicht alle Hoffnung geschwunden sein. Ich hatte auch den Kopf verloren: ich wußte nicht, was ich sagte, was ich that. Er war ohne das schon unglücklich genug. Ach, Base, ich bin gewiß auch schuld daran: ich möchte ihm das sagen; ich möchte ihm so recht in's Herz reden. Er hat noch immer auf mich gehört. Was meint Ihr, Base?"

„Ja, was soll ich meinen?" erwiederte Base Ursel ärgerlich. „Es ist immer die alte Geschichte. Erst stellt Ihr die Welt auf den Kopf, und dann kommt Ihr gelaufen und schreit: was meint Ihr nun, Base? Bin ich der liebe Gott; es thäte manchmal wahrhaftig noth. Na, Lambert! darin hat Er freilich recht: der Konrad ist noch nicht todt, und so brauchen wir die Flinte auch nicht in's Korn zu werfen. Aber das Kind mit dem Bade ausschütten, das geht nicht, und Oel in's Feuer gießen, macht die Flamme nur größer. Wenn Er zu dem Konrad käme, das würde nimmer gut thun und hieße Feigen sammeln wollen von dem Dornstrauch. Mit der Zeit pflückt man Rosen, Lambert, mit der Zeit."

Base Ursel wiederholte noch mehrmals die letzten Worte, als wollte sie ihrer Rathlosigkeit damit zu Hülfe kommen.

„Aber die Zeit drängt," sagte Lambert. „Wer weiß, wie bald wir die Franzosen hier haben! Vielleicht morgen! und morgen sollte unser Hochzeitstag sein! lieber Gott!"

Und er erzählte der Base, was er mit dem Pfarrer verabredet hatte.

„Ja, ja, der Mensch denkt und Gott lenkt," sagte Base Ursel. „Von morgen kann nun keine Rede sein; so weit ist das arme Ding wohl morgen noch nicht; und was das Andere anbetrifft, da laß Er mich nur sorgen, Lambert. Ob das Mädel zu mir kommt, oder ich zu dem Mädel, das wird sich wohl so ziemlich gleich bleiben, selbst in des Pfarrers Augen, um von dem lieben Gott gar nicht zu reden, der mehr zu thun hat, als daß er sich um solchen Hokuspokus kümmern könnte. Vorläufig bin ich hier; ich hätte gern nach meinem Alten gesehen, der ja heute ganz desperat und heidenmäßig war; aber wenn's so sein muß, bleibe ich auch. Es muß doch Jemand das Regiment führen, wenn Sein Regiment einrückt. Still da, Pluto! was hat denn die Bestie? ich glaube gar, die Bursche kommen schon! Seh Er einmal nach, Lambert; ich werde unterdessen nach dem Mädel schauen; und, Lambert, wenn sie es sind, so behalte Er sie vor dem Hause; die Nacht ist warm und Ihr werdet so wie so Wache halten wollen. Wer schlafen will, kann hier hereinkommen und sich an dem Heerd hinlegen; aber mäuschenstill, das bitte ich mir aus."

Base Ursel ging in die Kammer, Lambert trat vor die Hausthür, dem noch immer knurrenden Pluto bedeutend, daß er still sein müsse. Er horchte in die Nacht hinein, und jetzt vernahm auch sein Ohr deutlich den Schritt der Kameraden. Bald tauchten die Gestalten aus dem leichten Nebeldunst, der noch immer auf den Wiesen in der Nähe des Baches zog, obgleich der Mond schon in einiger Höhe über dem Walde stand. Es waren ihrer drei. Lambert schlug das Herz. Er erwartete nur Fritz Volz und Richard Herckheimer; war Konrad der Dritte? gewiß, gewiß! es war Konrad, es mußte Konrad sein!

Aber aus Pluto's breiter Brust klang es jetzt wie rollender Donner; sollte das kluge, treue Thier seinen Herrn nicht erkannt haben? Lambert ging in einer ungeheuren Aufregung den Kommenden entgegen.

„Gott zum Gruß, Lambert!" sagte Richard Herckheimers frische Stimme.

„Grüß' Dich Gott, Lambert!" sagte Fritz Volz.

Der Dritte war ein paar Schritte zurückgeblieben.

„Wer ist der Andere?" fragte Lambert mit zitternder Stimme.

„Rath' einmal!" sagte Richard lachend.

„Der verdrehte Kerl!" sagte Fritz Volz.

„Er wollte durchaus mit, obgleich selbst Annchen

meinte, er sollte sein Pulver nicht unnöthig verschießen," sagte Richard.

„Es ist Adam Bellinger?" fragte Lambert.

„Nun, so komm doch heran, Du Hasenfuß," sagte Fritz Volz.

„Hält er den Hund auch ganz fest?" fragte Adam mit unsichrer Stimme.

Richard und Peter lachten, Lambert konnte nicht einstimmen, wie er es wohl zu jeder andern Zeit gethan hätte. Adam anstatt Konrads! und was konnte den thörichten Menschen zu der nächtlichen Wanderung bewogen haben, wenn nicht der Wunsch, wieder in Katharine's Nähe zu kommen? und was sollten die Freunde von ihm, von Katharinen denken? was würde der schwatzhafte Adam ihnen nicht unterwegs Alles erzählt haben?

„Höre," sagte Richard, der, während sie dem Hause zuschritten, Lambert unter den Arm gefaßt hatte, „komme ein wenig zu; ich wollte Dir ein paar Worte sagen. Du mußt nicht böse sein, Lambert, daß wir den Adam mitgebracht haben; aber er wollte sich wirklich nicht bedeuten lassen. Weiß der Himmel, was ihm in seinen Kalbskopf gefahren ist! Aus seinen verrückten Reden wären wir natürlich nicht klug geworden, aber seine Frauenzimmer haben uns das Licht hell genug angesteckt! Daß Dich! Na, Lambert, alter Junge, ich wünsche Dir von ganzem Herzen Glück. Und da kann ich Dir auch sagen, daß mir dabei ein mächtiger Stein vom Herzen gefallen ist. Du weißt, ich habe das Ännchen immer gern gehabt, und sie ist mir auch nicht gerade bös gewesen; aber der alte Bellinger hat es sich ja nun ein=

mal in den Kopf gesetzt, daß Du sein dritter Schwiegersohn werden müßtest, und keiner sonst. Nun, wenn Du das fremde Mädchen heirathest, so ist uns Allen geholfen. Darum noch einmal Glück und Segen, Lambert Sternberg, von ganzem Herzen!"

„Das wünsche ich auch Dir," sagte Lambert.

„Ich weiß es," sagte Richard; „aber nun müssen wir Deinem Mädchen guten Abend bieten, Lambert; wenn sie halb so schön ist, wie Adam schwört, muß es ja ein wahres Wunder sein. Ist sie drinnen?"

Sie standen vor der Thür; die beiden Andern waren noch immer zurück; Lambert zog seinen jungen Freund neben sich auf die Bank und erzählte ihm in der Kürze Alles, was er ihm früher oder später sicher mitgetheilt hätte, und was jetzt doch keinen Augenblick verheimlicht werden konnte.

„Das ist meine Lage, Richard," schloß er: „Du kannst Dir denken, wie schwer mir das Herz ist."

„Wohl kann ich mir's denken," sagte Richard Herdheimer, Lamberts Hand herzlich drückend; „armer Freund, das ist eine böse Geschichte. Konrad sollte sich wahrhaftig schämen, gerade jetzt sich von Dir loszusagen und den Karren stecken zu lassen, wo selbst Kerle wie Johann Mertens und Hans Habertorn mit uns an dem selben Strang ziehen."

„Siehst Du, Richard, das ist es, was mich am meisten betrübt," sagte Lambert. „Du weißt, wie sie über uns geredet haben im vergangenen Jahr, und daß wir es mit den Franzen hielten und daß Konrad besser indianisch als deutsch spräche, und was des schändlichen

Zeugs mehr war. Was werden sie nun erst sagen, wenn sie hören, daß Konrad in dem Augenblick, wo die Gefahr hereinbricht, abermals nicht unter uns zu finden ist!"

„Laß sie sagen, was sie wollen," sagte Richard. „Meinen Vater, den Pfarrer und alle Verständigen hast Du immer auf Deiner Seite gehabt und sie werden auch diesmal wissen, woran sie sich zu halten haben. Vielleicht besinnt sich der Konrad auch noch."

„Das gebe Gott," sagte Lambert mit einem tiefen Seufzer.

„Und nun will ich Fritz Volz einen Wink geben," sagte Richard aufstehend, „und dann sollst Du uns sagen, was wir für diese Nacht zu thun haben."

Richard Herckheimer ging auf die beiden Anderen zu, die noch immer in einiger Entfernung standen, und, wie es schien, in einem Wortwechsel begriffen waren. In demselben Augenblick kam Base Ursel aus der Thür.

„Ist Er's, Lambert?"

„Ja, Base."

„Und wer sind die Andern?"

Lambert nannte die Freunde.

„Was will denn der Adam?" sagte Base Ursel; „der Kerl ist wohl ganz närrisch geworden. Na, Lambert, das ist seine Sache; aber morgen schickt Er mir den albernen Menschen wieder fort; wir können hier keine unnützen Esser brauchen. Für heute mag er hereinkommen mit den Andern. Die Katharine ist wieder auf; sie sagt, es sei jetzt keine Zeit zum Kranksein. Darin hat sie freilich recht, und so steht sie denn am Feuer und kocht Seinen Leuten eine Abendsuppe, als wenn nichts vorgefallen wäre: das Prachtmädel! Ich werde nun nach Hause gehen, und Lambert, was Ihm der Pfarrer gesagt hat, das ist ja gewiß gut gemeint, aber im Grunde doch nur dummes Zeug. Er ist ein ehrbarer Mensch und das Mädel nicht leichtfertig; und der liebe Gott wird wissen, was er davon zu halten hat."

Lambert eilte an Base Ursel vorüber in's Haus, Katharine kam ihm entgegen, den Kopf mit einem Tuch umwunden, bleich, aber auf den Lippen ein holdes Lächeln.

„Du darfst mich nicht schelten," sagte sie; „ich that nur, der Base zu Gefallen, als ob ich schliefe; ich habe Alles gehört; ich konnte nicht ruhig liegen bleiben, während Du so viele Gäste hast. Mir geht es wieder ganz gut."

Sie lehnte ihren Kopf an seine Brust und flüsterte:

„Und Du liebst mich, trotzdem, Lambert, nicht wahr?"

Lambert hielt das holde Mädchen fest umschlungen, als sich ein lautes Ehem! vernehmen ließ, und Base Ursel in die Thür trat, von den drei jungen Männern auf dem Fuße gefolgt.

„So, Ihr jungen Leute," sagte Base Ursel, „kommt herein, und eßt Euer Abendbrod, notabene, wenn's fertig sein wird; und dies ist hier meines Lambert liebe Braut Katharine, und nun steht nicht da herum wie Lots Salz=säule, und, Adam Bellinger, Er kann auch wohl Seinen Mund zumachen, es fliegen Ihm keine gebratenen Tau=ben hinein; es giebt heute Abend nur eine Suppe, wo=bei Er schon selber die Hände wird regen müssen, die Er gelegentlich mal aus den Taschen nehmen kann. — So, Richard Herckheimer, das ist recht, daß Er der

Jungfer gleich die Hand bietet: Er ist immer der Manierliche, das hat Er von Seinem Vater. Und nun will ich fort. Behüt' Dich Gott, Katharine, und Ihn, Lambert, und Euch Alle: ich komme morgen wieder her, und vielleicht gleich mit meinem Alten. Jetzt soll sich Niemand weiter um mich kümmern: hört Ihr? Base Ursel weiß allein nach Hause zu finden."

Sie hatte, während sie so sprach, ihr Gewehr umgehangen, Katharine herzlich geküßt und den jungen Männern der Reihe nach die Hand geschüttelt. Dann schritt sie zum Hause hinaus in die wehende Nacht.

Die drei Gäste athmeten sichtlich auf, als die gestrenge Base Ursel den breiten Rücken gewandt hatte, und ihr kräftiger Schritt draußen nicht mehr gehört wurde; aber es dauerte doch eine geraume Zeit, bis sie einigermaßen frei um sich zu blicken und zu reden wagten, so freundlich auch Katharine zum Sitzen einlud und versicherte, daß die Suppe bald fertig sein werde. Richard Herckheimer sagte zu Fritz Volz: „Aber so setze Dich doch, Fritz!" blieb aber selber stehen, und Fritz Volz stieß Adam Bellinger in die Seite, und fragte ihn, ob er denn nicht sehe, daß er der Jungfer im Wege stände? Dabei rieben sie sich die Hände, als ob sie ganz und gar durchgefroren wären, trotzdem wenigstens auf Adams Stirn die hellen Schweißtropfen perlten; und, wenn sie ein Wort sprachen, thaten sie es im Flüsterton, als würde die dampfende Suppe, die Katharine jetzt auf den Tisch setzte, ihre letzte Mahlzeit sein.

Adam Bellinger war nicht ganz gewiß, ob dies nicht für ihn der Fall sein werde. Fritz Volz hatte ihm

vorhin auseinandergesetzt, daß die Hauptsache sei, fleißig
gegen den Feind zu patrouilliren, und daß Adam, wenn
er doch einmal so darauf brenne, sich mit den Franzosen
zu messen, damit den Anfang machen müsse. Nun sei
es allerdings kein Spaß, zur Nacht in den Wäldern
umherzulaufen, wenn hinter jedem Baum ein Franzose
stehen könne; aber Adam werde die Kerle schon Mores
lehren. Adam hatte behauptet, er sei gekommen, das
Blockhaus gegen einen etwaigen Angriff vertheidigen zu
helfen, nicht aber, sich bei Nacht und Nebel im Walde
von den Franzosen todtschießen und von den Indianern
scalpiren zu lassen. Darüber waren sie denn in Streit
gerathen, der vorhin unterbrochen war und jetzt von dem
neckischen Fritz, wenn auch mit einiger Schüchternheit,
wieder aufgenommen wurde. Er wünschte von Adam
zu wissen, woran er in der Nacht einen Baumstamm
von einem Indianer unterscheide? und Richard fragte,
wie er sich zu verhalten gedenke, wenn er plötzlich von
hinten an seinen langen, gelben Haaren gefaßt und zu
Boden gerissen würde? Adam wurde durch diese und
ähnliche heikle Fragen der beiden Quälgeister in grenzen=
lose Verlegenheit gesetzt und lachte laut, während er dem
Weinen nahe war, bis sich Katharine in's Mittel legte
und meinte: ein muthiger Mann werde in dem Augen=
blicke der Gefahr das Rechte treffen, wenn er es auch
vorher nicht angeben könne.

„Ja wohl," sagte Adam, „das junge Frauenzimmer
hat in ihrem kleinen Finger mehr Verstand als Ihr in
Euren Köpfen; ich werde schon wissen, was ich zu thun
habe."

Er begleitete diese muthigen Worte mit einem so dankbar zärtlichen Blick auf Katharine, daß die beiden lustigen Schelme in ein lautes Lachen ausbrachen, und selbst über Lamberts ernstes Gesicht ein Schimmer von Heiterkeit zog.

„Laßt es gut sein," sagte er, „Adam wird seine Schuldigkeit thun, so gut wie wir Anderen; und nun ist es Zeit, daß wir die Wache für die Nacht abtheilen: je zwei für zwei Stunden, und Adam und ich, wir wollen den Anfang machen. Gute Nacht, Katharine!"

Er reichte Katharine die Hand; die Anderen folgten seinem Beispiel; als Lambert aber mit Adam das Haus verließ, kamen ihm Fritz Volz und Richard Herckheimer nach.

„Wir wollen auch lieber draußen bleiben," sagte Richard. „Fritz kann, wie ich aus Erfahrung weiß, das Schnarchen nicht lassen, und das möchte Katharine stören, die gewiß des Schlafes bedarf."

Fritz Volz sagte: er könne das Schnarchen schon lassen, aber Richard nicht das Schwatzen, und da sei es allerdings besser, daß sie hier vor der Thüre campirten.

„Ihr guten Jungen," sagte Lambert.

„Was da gut!" sagte Richard eifrig; „ich würde die ganze Nacht auf dem Kopfe stehen, wenn ich wüßte, daß Katharine darum besser schliefe."

„Und ich würde mich da in den Creek hineinlegen bis an den Hals," sagte Fritz Volz.

Adam seufzte und blickte zu dem Mond hinauf, der hell und groß über dem Walde schwebte.

„Komm, Adam," sagte Lambert, „wir wollen unsere Runde antreten."

Sie machten sich, von Pluto begleitet, auf den Weg. Die beiden Andern streckten sich, in ihre Decken gehüllt, die Büchsen im Arm, vor der Thür in den trockenen Sand, Fritz Volz ohne zu schnarchen, Richard Herckheimer ohne zu schwatzen, Beide zu den blitzenden Sternen aufschauend und in Gedanken verloren, die Gustchen und Annchen Bellinger glücklicherweise verschwiegen blieben.

Katharine war noch nie so treu und gut bewacht worden, wie in dieser Nacht.

Zwölftes Capitel.

Der folgende Tag war ein Sonntag, aber er brachte den Deutschen am Mohawk und Creek keine Sabbathruhe, sondern eitel Arbeit, Mühe, Lärm und Verwirrung. Vom frühesten Morgen schwärmte es in allen Ansiedlungen wie in einem Bienenkorbe. Da wurde von den Weibern gerüstet und gepackt; da wurden an klüglich ausgesuchten, möglichst verborgenen Orten Gruben gegraben, in die man so manches werthvolle Stück barg, das man nicht wohl mit fortschleppen konnte; da brachten die Männer ihre Waffen in Stand, oder holten das Vieh von den Weiden und aus den Wäldern und schlossen es in die Hürden ein, um es jeden Augenblick entweder nach dem Fort oder nach dem Herckheimer'schen Hause treiben zu können, wie man denn gestern Abend die Ordre erhalten hatte; da eilten Boten geschäftig hin und her; von Zeit zu Zeit sprengte ein Reiter vorüber

nach einem der Sammelplätze, welche für die drei fliegen=
den Corps bestimmt waren; und es überkam Alle ein
Gefühl von Sicherheit und von Stolz, als ein paar
Stunden später ein solches Geschwader, das aus vier=
undzwanzig wohlberittenen und bewaffneten jungen Leuten
bestand, unter Anführung von Carl Herckheimer, Richards
älterem Bruder, den Fluß hinauftrabte, um eine Reco=
gnoscirung nach dem Black River hin zu machen, wie sie
den Begegnenden zuriefen. Auch die beiden neuen
Fähren waren schon gegen Mittag eingerichtet. Man
überzeugte sich, wie nützlich diese Anordnung, welche
gestern so lebhaften Widerspruch gefunden, schon für den
Augenblick war und nun gar, wenn es wirklich zur
Flucht kam. Doch wurde es mehr als einem schwer, an
diese Möglichkeit zu glauben: schien doch die Sonne so
goldig vom blauen Himmel herab und die Vögel sangen
so lustig in den Bäumen und von dem Kirchlein auf
dem Hügel in der Ebene kam der Ton der kleinen Glocke
so hell über die stillen Felder! Aber freilich — am
zwölften November des vorigen Jahres war die Sonne
auch hell aufgegangen, und als sie unterging, hatten ihr
die Flammen von mehr als einem brennenden Hause
nachgeleuchtet, und auf den Feldern hatte mehr als Einer
gelegen, der sie nie wieder sollte aufgehen sehen. Die
Erinnerung jenes entsetzlichen Tages war noch zu frisch
in Allen, als daß auch die Leichtfertigsten sich gegen den
Ernst der Gegenwart hätten verschließen können; und
wie bitter der Gedanke war, Haus und Hof dem ruch=
losen Feinde unbeschützt überantworten zu müssen, man
wiederholte sich ein Wort Herckheimers vom vorigen

Tage· daß Alles, nur das Leben selbst nicht, wieder zu ersetzen sei, und fügte sich, mehr oder weniger willig, in das Unvermeidliche.

Auch in dem sonst so stillen Hause am Creek war heute ein rastloses Treiben. Jakob Ehrlich und Anton Biermann vom Mohawk waren gekommen, ausgerüstet mit ihren Büchsen und mit einem großen Sack Munition, den ihnen Herckheimer mitgegeben, und die derben Bursche den ganzen Weg den Creek aufwärts abwechselnd getragen hatten. Nun wurde das Pulver, zu welchem jeder seinen Vorrath hinzuthat, gleichmäßig vertheilt, und die Kaliber der Büchsen gemessen, wobei es sich herausstellte, daß man nur zwei verschiedene Größen Kugeln zu gießen haben würde. Mit diesem Geschäft betraute Lambert Adam Bellinger, nachdem ihm dieser unter vier Augen nicht ohne eine gewisse Feierlichkeit erklärt hatte, wie es sein ernstlicher Wille sei, zu bleiben und jede Gefahr mit ihm und den Andern zu theilen, sintemal es ihm vor den Franzosen keineswegs heimlich sei, er aber doch das Pfeifen ihrer Kugeln und das Kriegsgeschrei der Indianer noch immer lieber hören wolle, als das Gelächter seiner Frauenzimmer, wenn er nun unverrichteter Sache zurückkehrte. Lambert hatte Mitleid mit dem armen ehrlichen Schelm, um so mehr, als auch Katharine sich ihres täppischen Verehrers annahm und für seine Wunderlichkeiten stets ein gutmüthiges Lächeln hatte.

In dem Kriegsrath der sechs jungen Leute war beschlossen worden, daß man den Hof, welcher aus guten Gründen so weit vom Hause angelegt war, ohne weiteres aufgeben und sich nur auf die Vertheidigung des letzteren beschränken müsse. Der Vorschlag Richards, das Wasser des Creek in den trockenen Graben zu leiten, welcher die steinerne Einfriedigung am Fuße des Hügels umgab, wurde als voraussichtlich zu zeitraubend verworfen; dafür aber beschlossen, den fast verschütteten Graben möglichst zu vertiefen und die an manchen Stellen schadhaft gewordene Einfriedigung auszubessern und zu erhöhen, auch die Eingangsöffnung, der Hausthür gegenüber, durch Steine und Bretter gänzlich zu sperren und sich unterdessen mit einer leicht wieder abzuwerfenden Brücke über Mauer und Graben weg zu behelfen. Für das Haus selbst fand sich wenig zu thun; doch wurden die starken Läden, mit welchen die Schießscharten des Erdgeschosses, gleich den Stückpforten eines Kriegsschiffes, von innen verschlossen werden konnten, sorgfältig nachgesehen; ebenso die runden Löcher in dem Fußboden der Gallerie, durch welche man von oben auf den Feind feuern konnte, falls es demselben gelang, an das Haus selbst und unter die Gallerie vorzudringen. In das Dach wurden noch einige Luken geschnitten, um auch von hier aus die Heranrückenden mit zwei besonders weit tragenden Büchsen zu begrüßen.

Während die Männer in dieser Weise arbeiteten waren Katharine und Base Ursel, die sich bereits am frühen Morgen wieder eingestellt hatte, nicht müßig gewesen. Wasser brauchte glücklicherweise nicht erst herbeigeschafft zu werden. Der von Lamberts Vater wohlweislich und mit unsäglicher Mühe im Innern des Hauses angebrachte Brunnen gewährte reichlich so viel

man bedurfte; aber mit dem Vorrath an Nahrungs=
mitteln sah es für den Augenblick desto mißlicher aus.
Konrad hatte während Lamberts Abwesenheit, seiner
Jägergewohnheit gemäß, von der Hand in den Mund
gelebt und Katharine selbstverständlich noch keine Zeit
gehabt, das Fehlende zu ergänzen. So mußte denn nun
Adam wiederholt den glücklicherweise nicht allzuweiten
Weg nach dem Dittmar'schen Hause leer antreten, um
mit Broden, Schinken und anderen guten Dingen be=
packt, zurückzukehren, — jedesmal von dem lauten Halloh
seiner lustigen Gefährten empfangen; — bis Base Ursel
erklärte, es sei nun für acht Tage ausreichend gesorgt.
Zu größerer Vorsicht hatte man noch ein paar Hammel
von Lamberts kleiner Heerde in die Einfriedigung ge=
trieben, wo auch der Hans in dem kurzen Grase ruhig
weidete und nur manchmal den dicken Kopf schüttelte,
und Lambert mit den klugen Augen anblickte, als
wünsche er zu wissen, was das seltsame Treiben heute
eigentlich zu bedeuten habe, und ob er den ganzen Tag
gesattelt umherlaufen solle? Aber es konnte jeden
Augenblick eine eilige Botschaft auszurichten geben, und
der Hans mußte dazu bereit sein.

So schaffte man emsig an dem Vertheidigungswerk
und war gegen Mittag eben mit der Aufrichtung der
Feuerzeichen beschäftigt, als ein Reiter auf einem Schim=
mel sichtbar wurde, der im schnellen Trabe das Thal
heraufkam.

„Der Herckheimer! der Herckheimer!" rief Fritz Volz,
der ihn zuerst gesehen hatte.

„Ja, es ist der Vater," bestätigte Richard.

Wenige Minuten später hielt der treffliche Mann vor dem Hause und wurde von Lambert und den übrigen jungen Männern achtungsvoll gegrüßt.

„Ich habe gar keine Zeit, mich aufzuhalten," sagte Herckheimer, „und wollte nur eben nachschauen, wie weit Ihr seid. Nun, das sieht ja brav aus. Wenn Ihr den Graben unter Wasser setzen könntet, wäre es freilich besser: indessen bei dem Wasserstande ist es eine zu langwierige Arbeit; und Ihr werdet wohl so fertig werden müssen. Wie steht es denn mit der Munition? Glaubst Du genug zu haben, Lambert?"

Herckheimer war nun doch abgesessen und bat Lambert und Base Ursel, die mittlerweile aus dem Hause gekommen war, ihm einen ausführlichen Bericht zu erstatten, wobei er es so einzurichten wußte, daß sie sich ein wenig von den Andern entfernten.

„Ich möchte gern allein mit Euch sprechen," sagte er dann; „da ich Eurer und auch Richards sicher bin, nicht ebenso der Andern, die ich weniger genau kenne. Ihr werdet hier, so weit sich die Sache übersehen läßt, einen harten Stand bekommen. Ich habe heute Morgen Kundschaft gehabt, daß die Franzosen mindestens dreihundert Mann stark sind und daß außer den Onondagas auch die Oneidas zu ihnen halten wollen. Zwar ist der Bund noch nicht geschlossen, aber es wird zweifellos geschehen, wenn das letzte Mittel fehl schlägt: ich meine, wenn Konrad nicht im Stande ist, seine alten Freunde auf andere Gedanken zu bringen. Ich habe von dem Gouverneur die ausgedehnteste Vollmacht, ihnen alle möglichen Zugeständnisse zu machen und würde Konrad damit betrauen können. Er oder Keiner ist im Stande, dies große Unglück von uns abzuwenden. Wo ist er? ich habe ihn noch nicht gesehen?"

„Spring' doch einmal da hinüber, Lambert; die Spatzenköpfe werden doch nicht ohne Dich fertig," sagte Base Ursel.

„Der arme Junge," fuhr sie fort, als Lambert sich mit gerötheten Wangen und einem dankbaren Blick auf die gute Base entfernte; „der arme, liebe Junge! Es frißt ihm das Herz ab! und nun so aller Welt seines Bruders Schande, die denn doch auch seine Schande ist, eingestehen zu müssen! Na, Ihr seid nun freilich nicht alle Welt, Gevatter Herckheimer; aber in diesem Falle müßt Ihr doch mit mir fürlieb nehmen."

Und sie erzählte in aller Kürze, was Herckheimer zu wissen nöthig war.

Der treffliche Mann hatte mit ernster, nachdenklicher Miene zugehört und es lag ein tiefer Schmerz in dem Ton seiner Stimme, als er jetzt, das ergrauende Haupt schüttelnd, sagte:

„So sollen wir Deutsche denn nie dem Erbfeinde einig gegenüberstehen! Und daß gerade er uns fehlen muß! Sein Streit mit Lambert bedeutet in diesem Augenblicke nicht einen Freund weniger, sondern ein paar hundert Feinde mehr. Ja, was sage ich hundert! Das Beispiel der Oneidas kann für die sämmtlichen Nationen an den Seeen maßgebend werden und dann ist es mit unserm Wohlstand, mit unserer Ruhe auf lange Zeit, vielleicht für immer vorbei."

Nikolaus Herckheimer seufzte und strich sich mit der Hand über die Stirn.

„Nun, nun," sagte er, „was man nicht hat hindern können, muß man eben geschehen lassen, und jedenfalls kann die arme Katharine nichts dafür. Laßt uns einen Augenblick eintreten, Base, ich möchte das Mädchen doch kennen lernen, das unsern jungen Leuten so die Köpfe verwirrt."

Katharine, die, am Heerde mit der Zurüstung der Mahlzeit eifrig beschäftigt, von dem, was draußen vorging, nichts vernommen hatte, war eben, Base Ursel zu suchen, in die Thür getreten, und sah sich plötzlich einem fremden, überaus stattlichen Mann gegenüber, in welchem sie sofort Nikolaus Herckheimer erkannte. Ein tiefes Roth flog über ihre Wangen, dann aber verneigte sie sich ohne Verwirrung und legte ihre Hand in Herckheimers dargebotene Rechte.

„Armes Kind," sagte dieser, die schlanken Finger einen Augenblick festhaltend: „das Leben, das Dich hier erwartet, ist sehr rauh; möge Dir die Kraft nicht mangeln, die Du brauchen wirst!"

„Ach was, Gevatter," sagte Base Ursel, „macht mir das Mädchen nicht kopfscheu! Ihr meint, weil sie Hände hat wie eine Prinzessin; aber nicht auf die Hände — auf das Herz kommt es an, Gevatter, und das sitzt bei ihr auf dem rechten Fleck, soviel kann ich Euch sagen."

„Und wenn Ihr es nicht sagtet, sagten es diese Augen;" erwiederte Herckheimer lächelnd, „mir wenigstens, der ich alt genug bin, um ungestraft hineinsehen zu können. Nun, nun, liebes Mädchen, Du brauchst nicht zu erröthen; Du siehst, mein Haar beginnt grau zu werden, da ist ein Scherz wohl erlaubt. Lebt wohl, Base Ursel, leb' wohl, gutes Mädchen! und möge der Himmel uns Allen ein fröhliches Wiedersehen schenken!"

Er hatte die letzten Worte auch zu den jungen Män= nern gesagt, die eben mit ihrer Arbeit fertig und heran= getreten waren. Dann drückte er Allen der Reihe nach die Hand — wobei er die seines Sohnes Richard viel= leicht für einen Moment länger festhielt — schwang sich auf den Schimmel und ritt im scharfen Trabe davon, ohne sich umzusehen.

„Das ist ein rechter Israelit, in dem kein Falsch ist," sagte Base Ursel; „und nun, Kinder, laßt uns zu Tische gehen. Ich habe einen Appetit wie ein wilder Wolf."

Trotz dieser Ankündigung aber aß Base Ursel bei dem Mittagsmahl, zu welchem man sich jetzt niedersetzte, so gut wie gar nichts; war auch, ganz gegen ihre Ge= wohnheit, sehr still; ja, sie nahm zuletzt gar keinen An= theil mehr an dem Gespräch und wachte erst aus ihrer Zerstreutheit auf, als von Anton Biermann, der gerade die Wache hatte, der Pfarrer angekündigt wurde.

„Wer!" rief Base Ursel, indem sie heftig von ihrem Stuhl in die Höhe fuhr. „Der Pfarrer! der kommt mir gerade recht, den hat Gott gesandt! Bleibt einmal Alle ruhig sitzen! hört Ihr!"

Base Ursel verließ eilig das Haus und ging dem Pfarrer entgegen, welcher, in der einen Hand Hut, Per= rücke und Schnupftabaksdose, in der anderen ein buntes Taschentuch, mit welchem er sich den kahlen Kopf wischte, eiligen Schrittes dem Hause sich näherte.

„Ich weiß es schon," rief er, sobald er Base Ursels ansichtig wurde. „Der Herckheimer, der mir zwischen Eurem Hause und dem Volz'schen begegnete, hat mir Alles erzählt."

„Desto besser," erwiederte Base Ursel, „und nun schreit nicht so, Pfarrer, als ob Ihr noch auf der Kanzel stündet; die jungen Leute sind drinnen und dürfen nicht hören, was wir hier verhandeln. Kommt einmal hierher!"

Sie zog den Pfarrer von dem Hause fort bis zur Hofmauer, wo sie Niemand hören konnte, außer etwa der Hans, der jetzt den dicken Kopf hob und mit einem abgerupften Bissen Gras im Maule unter dem buschigen Stirnhaar hervor die Beiden mit den schwarzen Augen aufmerksam betrachtete.

„Was hast Du da zu horchen, geh' Deiner Wege," sagte Base Ursel zu dem Pferde.

„Aber Base Ursel, was in aller Welt giebt es?" fragte der Pfarrer.

„Ihr sollt es gleich hören," erwiederte Base Ursel, deren Blicke von dem Waldesrande nach dem Himmel, von dort wieder nach dem Walde schweiften und endlich mit einem sonderbaren Ausdruck auf dem Gesicht des geistlichen Herrn haften blieben.

„Ihr seid nicht verheirathet, Pfarrer; und über Euer Thun und Lassen Niemand auf Erden Rechenschaft schuldig."

„Wie kommt Ihr darauf?" fragte der Pfarrer.

„Mein Alter ist einundsiebzig, und ich glaube nicht, daß er es noch lange treiben wird," fuhr Base Ursel nachdenklich fort.

Der Pfarrer behielt eine Prise, die er eben zur Nase führen wollte, zwischen den Fingern und blickte Base Ursel aufmerksamer an.

„Und sollte er länger leben, er hat mich dreißig Jahre gehabt, und einmal muß doch Alles ein Ende nehmen. So sind wir recht eigentlich dazu berufen und auserwählt."

Der Pfarrer ließ die Prise fallen. „Um Gottes willen, Base Ursel," sagte er, „was ficht Euch an!"

„Ich hätte Euch für muthiger gehalten," sagte Base Ursel.

„Und ich Euch für verständiger," erwiederte der Pfarrer.

„Bei solchen Dingen muß man das Herz fragen," sagte Base Ursel.

„Und das Herz ist ein verzagt trotzig Ding," erwiederte der Pfarrer.

„Ja wohl, verzagt!" sagte Base Ursel höhnisch.

„Ja wohl, trotzig!" sagte der Pfarrer warnend.

„Jetzt ohne lange Rederei; wollt Ihr mein Mann sein, oder nicht?" sagte Base Ursel, welche die Geduld verlor.

„Da sei Gott vor!" rief der Pfarrer, der seinen Unwillen nicht länger bemeistern konnte.

„Freilich, Ihr seht nur aus wie ein Mann;" sagte Base Ursel, sich verächtlich auf den Hacken umwendend.

„Seid Ihr denn ganz von Gott verlassen, unglückseliges Weib!" sagte der Pfarrer, Base Ursel die fleischige Hand auf die Schulter legend.

„Ich nicht, aber Ihr, hasenherziger Mensch!" sagte

Base Ursel, die Hand abschüttelnd und sich heftig um=
wendend; „Ihr, der Ihr immerfort von Opfermuth und
Liebe predigt und weder Eins noch das Andere habt,
und Euch den Kukuk um das verirrte Lamm scheert,
wenn Ihr nur ruhig bei Euren Fleischtöpfen sitzen blei=
ben könnt. Nun wohl! so bleibt in des Teufels Namen
— Gott verzeih mir die Sünde — ich werde wohl allein
den Weg zu meinem armen verirrten Jungen zu finden
wissen, und Gott wird mich die rechten Worte lehren,
sein Herz zu rühren."

Base Ursel machte nochmals kehrt; der Pfarrer schlug
sich vor die Stirn und holte die Davoneilende mit ein
paar trippelnden Schritten ein.

„Base Ursel!"

„Was giebt's?"

„Natürlich will ich mit Euch gehen."

„Auf ein Mal?"

„Ein Mal und alle Mal! der Tausend, Frau, wa=
rum habt Ihr nicht gleich gesagt, daß es sich um den
Konrad handelt?"

„Um wen denn sonst?"

„Gleichviel! vergeßt, was ich geredet habe! ich gebe
Euch mein Wort als Mann und Diener Gottes: es war
ein Mißverständniß, dessen ich mich schäme, und für
welches ich Euch um Verzeihung bitte. Wann wollen
wir aufbrechen?"

Base Ursel schüttelte den Kopf; sie hatte keine
Ahnung, was der alte Freund sich vorhin gedacht haben
mochte; aber sie fühlte wohl, daß er jetzt ernstlich ent=
schlossen war, und die Minuten waren kostbar.

„Natürlich sofort;" antwortete sie auf seine letzte Frage.

„Ich bin bereit."

„So kommt herein und sagt dem Mädchen ein freundliches Wort und laßt Euch nichts merken. Lambert darf nicht wissen, was wir vorhaben; Niemand darf es wissen. Gelingt es uns, ihn zurückzubringen, so ist es gut; gelingt es uns nicht, mag seine Schande mit uns begraben sein. Auf jeden Fall sollen sie nicht um uns sorgen. Und es ist möglich, Pfarrer, daß wir gar nimmer wiederkehren. Ihr habt Euch das doch klar gemacht?"

„Gottes Wille geschehe!" sagte der Pfarrer.

Dreizehntes Capitel.

Zwei Stunden später wanderten Base Ursel und der Pfarrer bereits tief im Walde, den Creek aufwärts, auf dem schmalen Indianerpfad, der zugleich der Pfad der Büffel und Hirsche war. Aber nicht die Fährte der Büffel und Hirsche verfolgte Pluto, vor den Wandernden her, die breite Nase tief auf dem Boden, und die lange Ruthe rastlos bewegend, denn mehr als einmal bog er jäh von der frischen Spur ab in den Wald hinein, um jedesmal nach kurzer Zeit wieder in den Pfad einzulenken.

„Seht Ihr nun, Pfarrer, wie gut es ist, daß ich umgekehrt bin, den Hund zu holen?" sagte Base Ursel bei einer solchen Gelegenheit. „Ihr wart ungeduldig über die versäumte Zeit; er bringt sie uns reichlich ein."

„Es war nicht der Säumniß wegen," erwiederte der Pfarrer; „ich fürchtete, man möchte trotz des großen Umweges, den wir gemacht haben, unsere Absicht er=rathen. Der Lambert und die Katharine sahen uns so schon mit Blicken an, aus denen ich herausgelesen: wir wissen, was Ihr vorhabt."

„Nichts wissen sie," sagte Base Ursel. „Ihr mußtet zurück, das verstand sich von selbst. Und weshalb sollte ich mir den Hund nicht zu meiner und meines Alten größeren Sicherheit ausbitten?"

„Weil Euch eine solche Regung von Furchtsamkeit Niemand im Ernst zutrauen wird;" erwiederte der Pfarrer.

„Ach was," sagte Base Ursel ärgerlich; „mögen sie denken, was sie wollen. Ohne den Hund ging es nicht, und damit basta!"

„Ich bin nicht ganz sicher, ob wir auch so zu un=serem Ziele kommen, Base Ursel."

„Seid Ihr schon müde?"

„Ich ermüde nicht so leicht, wißt Ihr, noch dazu in einer solchen Sache; aber wer steht uns dafür, daß Konrad in seinem Zorn und seiner Verzweiflung nicht so weit gelaufen ist, wie ihn seine Füße tragen, was am Ende doch etwas weiter sein dürfte, als wir beim besten Willen kommen können; und dann: es ist noch eine andere Möglichkeit, an die ich allerdings nur schau=dernd denke."

„Mein Junge ist zu ihnen übergegangen?" rief Base Ursel sich so schnell umwendend, daß der Pfarrer, welcher ihr auf dem Fuße folgte, einen Schritt zurück=prallte. „Meint Ihr das?"

„Da sei Gott vor!" erwiederte der Pfarrer, unwillig über Base Ursels Zumuthung, und daß sie ihm durch ihre Heftigkeit beinahe die geöffnete Dose aus der Hand geschlagen. „Aber wer die Hand an seinen Bruder legt, wie es Konrad gethan, legt auch wohl Hand an sich selbst. Und, wie ich Konrad kenne, wird ihm das Letztere mindestens ebenso leicht werden, wie das Erstere."

„Ihr kennt aber meinen Jungen nicht," sagte Base Ursel heftig; und fuhr dann in ruhigerem Tone fort: „Seht, Pfarrer, ich gebe Euch zu, daß der Junge in diesem Augenblick sein Leben nicht einen Tannenzapfen werth hält, und dennoch, das schwöre ich Euch, wird er es theuer verkaufen. Und wer es bezahlen soll? die Franzosen und ihre schuftigen Indianer. Darauf verlaßt Euch. Und seht, Pfarrer, das ist auch der Grund, weshalb ich festiglich überzeugt bin: er ist nicht so weit gelaufen, wie ihn seine Füße tragen, sondern ist im Gegentheil hier noch irgendwo in der Nähe, und hält scharfe Wacht über seiner Eltern Haus, dessen Schwelle er nicht wieder betreten will. Nun, er mag sein Wort halten: aber, Pfarrer, seid versichert, wenn die Feinde bis dahin kommen, dann kommen sie über seine Leiche."

Base Ursel schwieg in tiefer Erregung; der Pfarrer, wenn er auch nicht ganz überzeugt war, hielt es doch für gerathener, seiner Meinung keinen Ausdruck zu geben.

So ging es eine Zeit lang schweigend weiter: der Hund immer eine Strecke voraus, hin und her flankirend, einen Moment stehen bleibend und in die Luft hineinschnobbernd, dann wieder eifrig die Fährte verfolgend; sodann Base Ursel, jede Bewegung des Thieres scharfen, kundigen Auges beobachtend, und nur manchmal ein leises: such, Pluto! — so recht, Pluto! mehr für sich, als für den Hund sprechend, der keiner Aufmunterung bedurfte; zuletzt der Pfarrer, welcher den Blick unverwandt auf Base Ursels breiten Rücken geheftet hielt, wenn der Weg nicht seine Aufmerksamkeit in Anspruch nahm.

Das war nun freilich oft genug der Fall, und bald konnte von einem Wege überhaupt nicht mehr die Rede sein, selbst für die unverwöhnten Füße der Ansiedler. Immer rauher und steiler wurde der Anstieg über das Wurzelgestrüpp der Urwaldtannen, immer wilder brauste der Creek durch zackiges Felsgestein, bis er endlich in einer tiefen Schlucht unter überhängendem Strauchwerk ganz den Blicken der Wanderer entschwand, die sich jetzt, dem vorausspürenden Hunde folgend, rechts ab in den Wald wandten, und, mühsam aufsteigend, nach einigen hundert Schritten die Höhe des Plateau erreichten.

Hier hätte der Pfarrer, dessen Kraft nahezu erschöpft war, gern für ein paar Minuten gerastet, aber Base Ursel deutete mit vielsagendem Blick auf den Hund, der in großen Sprüngen, wie ausgelassen vor Freude, eine Tanne umkreiste, welche inmitten einer kleinen Lichtung riesig aufragte.

„Dort hat er gelegen," sagte Base Ursel, fast athemlos von der Anstrengung und vor Freude; „hier — hier auf dieser Stelle hat er gelegen! Seht Ihr wohl, Pfarrer, das eingedrückte Moos und die zerknickten Büsche? Und da ist auch ein Fetzen Papier; er hat hier seine Büchse frisch geladen. Weiter, Pfarrer, weiter!

ich schwöre Euch), in weniger als einer halben Stunde haben wir ihn selbst. Weiter! weiter!"

Die energische Frau hatte ihr Gewehr, das ihr beim Bücken herabgeglitten war, fester auf die Schulter gerückt und bereits ein paar mächtige Schritte gethan, als der Hund, welcher einen Moment mit hocherhobenem Kopf regungslos gestanden und in den Wald geblickt hatte, plötzlich einen einzigen dumpfen Laut anschlug, und, mit mächtigen Sätzen durch das Gestrüpp brechend, im Walde verschwand.

„Nun, steh' uns Gott bei, was hat denn die Bestie?" sagte der Pfarrer, der jetzt herangekeucht kam.

„Seinen Herrn!" erwiederte Base Ursel, „still!"

Sie starrte, den Oberkörper vornüber gebeugt, mit den großen runden Augen auf das Dickicht, in welchem der Hund verschwunden war. Dem Pfarrer klopfte das Herz zum Zerspringen. Er hätte gern eine Prise genommen, wie er stets in besonders aufregenden Momenten that, aber Base Ursel hatte ihm die Hand auf den Arm gelegt und ihre braunen Finger drückten fest und fester.

„Still." sagte sie noch einmal, trotzdem der Pfarrer weder sprach, noch sich regte: „hört Ihr nichts?"

„Nein," sagte der Pfarrer.

„Aber ich!"

Ein sonderbarer Ton, halb ein Ruf, halb ein Schluchzen kam aus ihrer Kehle; sie ließ den Arm des Pfarrers los, und eilte in derselben Richtung, welche der Hund eingeschlagen, davon; aber sie hatte den Rand der Lichtung noch nicht erreicht, als die Büsche sich auseinanderthaten und Konrad heraustrat, zusammen mit Pluto, der, heulend vor Freude, an seinem Herrn hinaufsprang. Base Ursel konnte oder wollte ihren Lauf nicht hemmen; sie stürzte vorwärts an Konrads Brust, der mit starken Armen die gute Base, seine zweite Mutter, umschlang, das Gesicht auf ihre Schulter beugend, um die Thränen, die aus seinen Augen brachen, zu verbergen.

So standen die Beiden, in inniger Umarmung, und der Abendsonnenschein umspielte so lieblich das schöne Bild, daß dem guten Pfarrer die Wimpern feucht wurden. Er trat leise heran und sagte herzlich, seine beiden Hände auf Konrads und der Base Schultern legend; „Hier bedarf es meines Segens nicht, aber mich mit Euch zu freuen, müßt Ihr mir schon gestatten."

„Grüß Gott, Pfarrer!" sagte Konrad sich emporrichtend und dem würdigen Manne die Hand reichend; „das ist schön von Euch, daß Ihr die Base begleitet. Ich habe Euch zwar nicht erwartet, Euch Beide nicht —"

„Doch, Konrad," sagte Base Ursel, ihn unterbrechend; „warum schämst Du Dich, die Wahrheit zu sagen: mich hast Du erwartet."

„Nun ja," sagte Konrad.

„Und ihn habe ich mitgebracht," fuhr Base Ursel fort, „weil Du ihn kennst von Kindesbeinen an, und weißt, daß er ein guter und gerechter Mann ist, und in solchen Fällen ein Mann doch besser zum Manne sprechen kann, als ein armes Weib, wie ich, die den Kukuk weiß, wie es in Euren harten Herzen aussieht."

Konrads schönes Gesicht verfinsterte sich, während

die Base also sprach. Seine Augen blitzten zornig unter den gesenkten Wimpern hervor. Doch bezwang er sich und sagte mit scheinbar ruhiger Stimme: „Ich danke Euch nochmals; aber Base, und Ihr, Pfarrer, ich bitte Euch, redet mir nicht von ihm — Ihr wißt, wen ich meine, und auch nicht von ihr! Ich kann's nicht hören, und ich will's nicht hören. Mag sein, daß ich Unrecht habe; aber ich hab's nun einmal, und muß sehen, wie ich damit fertig werde."

„Nun," sagte Base Ursel, zu dem Pfarrer gewandt; „werdet Ihr auch einmal den Mund aufthun? wozu habe ich Euch denn mitgebracht?"

Base Ursel war sehr zornig; sie hatte das innigste Mitleid mit Konrad und zu gleicher Zeit ein dunkles Gefühl, daß sie an seiner Stelle wahrscheinlich ebenso denken, ebenso sprechen, ebenso handeln würde. Sie konnte nichts mehr sagen in einer Sache, in welcher ihr Herz für den schuldigen Theil so leidenschaftlich Partei nahm.

Der Pfarrer hatte in seiner Aufregung eine Prise über die andere genommen. Jetzt suchte er vergeblich nach ein paar zurückgebliebenen Körnchen, steckte dann die leere Dose entschlossen ein und sagte: „Konrad, höre mir ein paar Minuten ruhig zu. Ich glaube, daß ich Dir etwas sagen kann, woran Du doch vielleicht nicht so ernstlich gedacht hast. Ob Du Deinem Bruder gegen= über und dem Mädchen, das ich heute erst kennen ge= lernt habe, und das ein gutes, braves Mädchen zu sein scheint, Unrecht hast, oder nicht, will ich nicht entscheiden und nicht untersuchen. Ich bin nie verheirathet gewesen,

und verliebt, so viel ich weiß, auch nur einmal, und
das ist lange her, und so mag es sein, daß ich mich
nicht besonders auf dergleichen verstehe. Aber, Konrad,
es giebt Brüder, von denen wir uns nicht lossagen
können; es giebt ein Vaterhaus, das uns unter allen
Umständen heilig sein muß, — das sind unsere Stammes-
genossen, das ist unser Heimathland. Und gerade uns
Vertriebenen, uns Ausgestoßenen, uns, die wir uns mit
tausend Schmerzen und blutendem Herzen losgerissen
haben von dem alten Stamm und aus der alten Heimath, uns, die wir gedrückt und gehudelt sind in der
Fremde von den Fremden, uns müssen die Genossen,
die uns noch geblieben, muß das Land der neuen Heimath doppelt und dreifach heilig sein. Und da ist nichts,
gar nichts, Konrad, was uns von dieser Pflicht lösen
und befreien könnte; kein Streit mit dem Bruder, kein
Wunsch nach dem Besitze eines Weibes, kein Rechten
um Mein und Dein, denn hier giebt es kein Mein und
Dein, sondern nur ein Unser, wie in dem Gebet, das
wir zu dem Gott emporsenden, an den wir Alle glauben. Nun weiß ich wohl, Konrad, daß dies Gefühl
einer heiligen Verpflichtung in Deinem Herzen nicht er-
storben ist, daß Du, im Gegentheil, demselben in Deiner
Weise genügen wirst; aber, Konrad, Deine Weise ist
keine gute Weise, und wärest Du auch — wie wir Alle
annehmen — entschlossen, Dein Leben selbst zum Opfer
zu bringen. Ich sage Dir, Konrad: Gott wird das Opfer
nicht annehmen; verwerfen wird er's, wie er Kains
Opfer verwarf, und nutzlos und ruhmlos wird Dein
kostbares Blut im Sande verrinnen."

Des Pfarrers tiefe Stimme hatte einen seltsam feierlichen Klang in dieser Urwaldsstille, und wie er jetzt vor innerer Erregung, die sein unschönes Gesicht herrlich verklärte, ein paar Augenblicke schwieg, rauschte es hoch her durch die Wipfel der Riesentannen, als habe nicht ein Mensch, als habe hier Gott selbst gesprochen.

So war es wenigstens der guten Base Ursel und dieselbe Empfindung mochte auch Konrad das wilde, trotzige Herz rühren. Seine breite Brust hob und senkte sich gewaltsam, sein Gesicht hatte einen eigenthümlich gespannten Ausdruck, seine Augen hafteten auf dem Boden und die starken Hände, mit denen er den Lauf seiner Büchse umspannt hielt, zitterten.

Der Pfarrer begann von neuem:

„Dein kostbares Blut, sage ich, Konrad! kostbar, wie aller Menschen Blut kostbar ist, doppelt kostbar in der Stunde der Gefahr, dreifach kostbar, wenn es in den Adern eines Mannes fließt, dem Gott Alles gab, der Schirm und Schutz seiner Nächsten zu sein. Denn, Konrad, wem viel gegeben ist, von dem wird viel gefordert werden. Wir Andern sind Alle nur wie Soldaten in Reih' und Glied, und wir brauchen uns dessen nicht zu schämen; Du aber bist zu Größerem ausersehen, und ich brauche es Dir nur zu nennen, um Dich Dir selbst wiederzugeben. Du wirst vor einer Aufgabe nicht zurückschrecken, der Du, und Du allein von uns Allen gewachsen bist. Nikolaus Herckheimer hat erfahren, daß zwischen unsern Feinden und den Oneidas Verhandlungen stattfinden, daß sie mit ihrem Angriff nur zögern, bis das Bündniß abgeschlossen ist, um dann mit unwiderstehlicher Macht über uns herfallen zu können. Du weißt, daß die Haltung der Oneidas den Ausschlag giebt für die anderen Nationen an den Seen; Du weißt, daß sie bisher unser Wall gewesen sind, hinter dem wir verhältnißmäßig sicher waren. Du hast Jahre lang bei den Oneidas gelebt, Du sprichst ihre Sprache; Du stehst in hohem Ansehen bei ihnen; Du kennst den Zugang zu ihren Herzen. Nun denn, Konrad, es ist des Herckheimers, unseres Hauptmannes, Wunsch und Wille, daß Du Dich unverweilt zu ihnen begiebst, und in seinem und des Gouverneurs Namen ihnen die Zusage der Erledigung aller der Punkte, über welche sie letzthin mit der Regierung gestritten haben, zu ihren Gunsten und in ihrem Sinne machst, wenn sie an dem alten Schutz- und Trutzbund, den sie mit uns abgeschlossen, festhalten, ja, wenn sie auch nur in dem bevorstehenden Kampfe nicht gegen uns Partei nehmen wollen. Du übersiehst und verstehst jedenfalls den Auftrag, ohne daß ich, ein in solchen Dingen wenig bewanderter Mann, Dir denselben auseinanderzusetzen brauche: und nun frage ich Dich, Konrad Sternberg, willst Du, wie es Deine theure Pflicht ist, dem Befehl unseres Hauptmannes nachkommen?"

„Es ist zu spät," sagte Konrad mit tonloser Stimme.
„Weshalb zu spät?"
„Was Ihr fürchtet, ist bereits geschehen. Die Oneidas haben sich mit den Franzosen und den Onondagas vereinigt. Heute Morgen, ja vor einer Stunde noch hätte ich unbemerkt zu ihnen gelangen und Euren Auftrag ausrichten können; jetzt ist es unmöglich."

„Woher weißt Du es, Konrad?" fragten der Pfarrer und Base Ursel wie aus einem Munde.

„Kommt!" sagte Konrad.

Er hatte die Büchse über die Schulter gehängt und schritt jetzt den Beiden voran, quer durch den Wald, der mit jedem Augenblicke lichter wurde, bis die hohen Bäume nur noch vereinzelt zwischen niedrigem Gestrüpp standen. Hier ging er vorsichtig in gebückter Haltung weiter und bedeutete die Beiden durch Zeichen, seinem Beispiele zu folgen. Endlich ließ er sich auf die Kniee nieder, bog ein paar Büsche langsam auseinander und winkte den Anderen, in derselben Weise heranzukommen. Sie thaten es, und blickten durch die Oeffnung, wie durch das Guckfensterchen einer Thür, auf ein seltsames Schauspiel.

Unmittelbar unter ihnen an dem Fuße der steil abfallenden Felsenklippe, auf deren scharfem Rande sie sich befanden, dehnte sich ein breites Wiesenthal aus, welches gegenüber ebenfalls von schroffen, waldgekrönten Felsen begrenzt wurde, und durch dessen sanft sich neigende Länge ein Bach nach dem Creek rann. Auf dem ihnen zugewandten Ufer des Baches war eine Art von Lager aus regellos durcheinander stehenden kleinen Leinwand=zelten und Laubhütten. Zwischen den Zelten und Hütten brannten ein paar Dutzend Feuer, und der aus denselben aufsteigende, von der Abendsonne angeglühte Rauch, breitete sich in der Höhe zu einer dünnen Wolke aus, durch welche die Scene unten noch phantastischer erschien: eine Menge in lebhafter Bewegung begriffener Gestalten: Franzosen, zum Theil Reguläre, zum Theil Milizen,

Manche auch ohne alles Abzeichen, in überwiegender Anzahl aber Indianer, deren halbnackte, mit bunten Kriegsfarben geschmückte Leiber in der Sonne erglänzten. Besonders dicht standen die Gruppen am Ufer des Baches, und es hielt nicht schwer, die Ursache zu entdecken. Auf der anderen Seite mußte die Indianerschaar, welche sich dort umtrieb, unlängst erst angekommen sein. Einige waren mit dem Aufrichten der Wigwams, Andere mit Anzünden der Feuer beschäftigt, die Meisten aber standen auf dem Uferbord und sprachen mit denen hüben. Der Bach hatte sich, bei mäßiger Breite, ein tiefes Bett mit scharfen Rändern in den Wiesengrund gewühlt. Man konnte ohne Brücke nicht wohl zusammenkommen, die denn auch an einer schmaleren Stelle aus Baumstämmen in aller Eile hergestellt wurde, während hier und da Muthwillige oder besonders Eifrige hinüberschwammen, oder es mit einem Sprunge versuchten, der meistens zu kurz ausfiel, was dann jedesmal ein lautes Schreien und Lachen der Zuschauer hervorrief.

Mit pochenden Herzen hatten Base Ursel und der Pfarrer nach einander ein Schauspiel beobachtet, welches für sie von einer so fürchterlichen Bedeutung war. Jetzt zogen sie sich, einer leisen Aufforderung Konrads folgend, vorsichtig, wie sie herangeschlichen, wieder durch die Büsche in den Wald zurück.

„Wie viel sind es?" fragte Base Ursel.

„Vierhundert, ohne die Oneidas," erwiederte Konrad; „die Oneidas sind ebenso stark, wenn sie alle ihre Krieger in's Feld rücken lassen; doch habe ich eben nur zweihundertundfünfzig gezählt; jedenfalls kommen die

Anderen nach); sie würden sonst keine Vorbereitungen für die Nacht treffen."

„Sondern gleich weiter ziehen?" fragte Base Ursel.

„Sicher, denn sie wissen, daß die Stunden kostbar sind; so werdet Ihr sie wohl morgen Mittag auf dem Halse haben."

„Ihr?" sagte der Pfarrer mit Betonung. „Du wolltest Wir sagen, Konrad."

Konrad antwortete nicht; er ging schweigend und ohne sich umzuwenden, am Waldessaume hin, aber weit genug vom Rande des Plateau entfernt, daß sie von unten her nicht gesehen werden konnten. So mochten sie wohl zweihundert Schritte zurückgelegt haben, als sie an einer Stelle anlangten, wo eine tiefe Spalte sich aufthat, welche als eine Art von natürlicher Felsentreppe von der Höhe in's Thal führte. Wo die Treppe oben auf das Plateau mündete, war der sehr schmale, tiefeingeschnittene Pfad durch einen aus Baumstämmen, Steinen und Reisig kunstvoll aufgeführten Verhau vollständig gesperrt. Andere Steine, zum Theil von gewaltiger Größe, waren auf den Seiten des Einschnittes so hart an den Rand geschoben, daß sie durch den Druck eines Hebels, vielleicht durch einen Fußtritt sofort auf die, welche den Pfad emporklommen, hinabgeschleudert werden konnten. Es schien, als ob ein Dutzend starker Männer Tage lang mühsam hätte arbeiten müssen, ein solches Werk zu Stande zu bringen; Konrads Riesenkraft hatte es während weniger Stunden vollendet.

„Hier," sagte er, mit einem eigenthümlichen Lächeln sich zu seinen staunenden Begleitern wendend, „wollte ich ausharren, bis der letzte Stein hinabgeworfen und meine letzte Patrone verschossen war."

„Und dann?" fragte Base Ursel.

„Meine Büchse auf den Köpfen der Ersten, die hineindrangen, entzweischlagen."

„Und nun?" fragte der Pfarrer, die Hand des Wilden ergreifend; „und nun, Konrad?"

„Nun will ich den Befehl Herckheimers ausführen."

„Um Gottes willen," rief Base Ursel, „es wäre Dein offenbares Verderben; die Onondagas, Deine Feinde, werden Dich in Stücke zerreißen."

„Schwerlich!" erwiederte Konrad; „die Oneidas würden es nicht zugeben; ohne Zank und Streit ginge es sicherlich nicht ab. Und damit wäre schon viel gewonnen, und ich würde sie damit länger aufhalten, als wenn ich mich ihnen hier entgegenstellte, wo ich doch in ein paar Stunden geliefert wäre. Aber ich hoffe, es soll besser kommen. Ich wäre schon heute Morgen, wo die Oneidas drüben im Walde lagerten, zu ihnen gegangen, aber ich hatte ihnen nichts zu bieten. Jetzt ist das anders. Vielleicht gelingt es mir, sie zu überreden. Ich will es wenigstens versuchen. Lebt wohl, Ihr Beide!"

Er streckte ihnen die Hände entgegen. Base Ursel stürzte sich in seine Arme, als wollte sie ihren geliebten Jungen nicht wieder von sich lassen; aber Konrad machte sich mit sanfter Gewalt los und sagte:

„Es ist keine Minute zu verlieren; ich muß einen weiten Umweg machen, um von der andern Seite in's Thal zu kommen. Und Ihr habt einen langen Marsch. Den Hund nehme ich mit; er kann Euch heimwärts doch nichts nützen. Wirst Du den Weg auch so finden, Base? Nun denn, nochmals lebt wohl! Lebt Alle wohl!"

„Auf Wiedersehen, Konrad!" sagte der Pfarrer.

Ueber Konrads Gesicht flog ein Zucken.

„So Gott will!" antwortete er mit dumpfer Stimme.

In der nächsten Minute waren die Beiden allein; eine kurze Zeit hörten sie noch das Knacken in den Büschen, dann war Alles still.

„Wir werden ihn nicht wiedersehen," sagte Base Ursel.

„Wir werden ihn wiedersehen," sagte der Pfarrer, zu den rosigen Wolken aufblickend, die durch die Wipfel leuchteten; „dem Muthigen hilft Gott."

„Dann muß er ihm helfen," sagte Base Ursel; „ein muthigeres Herz, als meines Jungen, schlägt in keiner Menschenbrust. Gott sei ihm gnädig!"

„Amen," sagte der Pfarrer.

Und sie wandten sich von dem Platz, den Heimweg anzutreten, bachabwärts durch den Urwald, über welchen jetzt der Abend dunkel heraufzog.

Vierzehntes Capitel.

Der Pfarrer hatte sich nicht getäuscht, als er, bei dem Aufbruch vom Blockhause, in Lamberts und Katharine's Mienen zu lesen glaubte, daß die Beiden sich trotz alledem nicht hatten täuschen lassen, und sein und der Base Vorhaben ahnten. In der That war Lamberts

Seele, während er die Vertheidigungsarbeiten leitete und
selbst wacker Hand anlegte, immerbar von der schweren
Sorge um Konrad verdüstert gewesen. Sein liebevolles
und liebebedürftiges Herz vermochte den Gedanken nicht
zu fassen, daß sein Bruder so unglücklich sein sollte,
während er selber so glücklich war; daß er ihm, für den
ihm nie ein Opfer zu schwer gewesen, zum ersten Mal
von dem Sonnenschein des Lebens nicht den besten Theil
lassen konnte. Nein, nicht lassen konnte! nicht lassen
wollte! um Alles in der Welt nicht, um seiner Seelen
Seligkeit nicht! Hier gab es keinen Zweifel, durfte es
keinen Zweifel geben, welcher der schnödeste Verrath an
sich selbst und an dem theuren Mädchen gewesen wäre,
das ihm ihr reines, jungfräuliches Herz vertrauungsvoll
geschenkt hatte. Und doch, und doch!

Katharine's Herz war kaum weniger traurig. Sie
hatte Lambert so unaussprechlich lieb, und mußte nun
erfahren, daß sie dem Geliebten, als erste Gabe gleich=
sam, so schweres Leid gebracht. Ach, und es entging ihr
kein Zug dieses Leides in dem Antlitz des theuren Man=
nes; — sie hatte in den schlichten, ehrlichen Zügen zu
gut zu lesen gelernt! — Keine trübe Wolke auf der
offenen Stirn, kein düsterer Niederschlag der blauen, milden
Augen, kein wehmüthiges Zucken um den Mund, der
sich sonst so gern und so oft zu einem freundlichen Lächeln
öffnete, und der jetzt so fest geschlossen war!

So hatten sie, ohne daß sie es auszusprechen brauchten,
über der Möglichkeit, Konrad wieder zu gewinnen, ge=
sonnen und gebrütet, und als Base Ursel nun gestern
den Pfarrer einführte, und dem guten Manne kaum Zeit

ließ, sich zu setzen und an dem Mittagsmahl Theil zu nehmen, sondern ihn alsbald wieder auftrieb, und das Blockhaus mit ihm verließ, und nun gar nach wenigen Minuten allein umkehrte und sich den Pluto ausbat, weil auf ihren alten Kettenhund Melac zu Hause kein Verlaß mehr sei — da hatten sich Lambert und Katharine mit einem vielsagenden Blick angesehen, und, sobald sie sich allein sahen, umarmt und gesagt; „Vielleicht, vielleicht wird doch noch Alles gut werden!"

Wie trübe aber auch den Liebenden zu Sinnen sein mochte, sie trugen ihr Leid still für sich, und die Anderen waren wenig geneigt, sich für einen Kummer zu interessiren, den man noch dazu sorgfältig vor ihnen verbarg. Zwar hatte Richard Herckheimer Lambert wiederholt sein Bedauern ausgesprochen, daß Konrad gerade jetzt eine solche Dummheit machen müsse, wie er sagte; und ähnlich hatten sich auch die Andern geäußert; aber damit war für sie die Sache abgethan. Sie waren entschlossen, mit oder ohne Konrad ihre Pflicht zu thun, und dieses Bewußtsein erhöhte die gute Laune der braven Burschen bis zum Uebermuth. Ein Umstand kam hinzu, ihren Lebensgeistern noch einen besonderen Schwung zu verleihen, und sie die tief=ernste Lage, in welcher sie sich befanden, in einem durchaus poetischen Lichte sehen zu lassen. Die guten Jungen waren sämmtlich von Katharine's Schönheit und Liebenswürdigkeit vollständig bezaubert, und gaben dieser Bezauberung den harmlosesten und ergötzlichsten Ausdruck. Wenn Katharine bei Tische ein freundliches Wort sagte, erglänzten fünf Paar weißer Zahnreihen; wenn sie einen Wunsch aussprach, ja nur mit den Augen andeutete, streckten sich zehn Hände aus, setzten sich zehn Beine in Bewegung. Wo sie ging und stand, hatte sie zwei oder drei aufmerksame Zuhörer an ihrer Seite, welche sich gegenseitig mit der größten Eifersucht beobachteten und einander den Rang abzulaufen suchten. Daß man sich für Katharine nicht nur todtschlagen lassen, sondern in jeder Art — und sei es die barbarischste, welche die Grausamkeit der Indianer erfunden — zu sterben bereit sein müsse, war eine Ueberzeugung, die bei jedem Einzelnen fest stand; ja sie hatten sich bei einer Gelegenheit, wo Lambert nicht zugegen und sie alle fünf beisammen waren, in einer Aufwallung von Heroismus, auf Richard Herckheimers speciellen Vorschlag, einander die Hände darauf gegeben und gelobt, daß, wer von ihnen den Andern überlebte, bevor er selbst sterbe, Katharine tödten müsse, damit sie nicht dem Feinde in die Hände falle.

Diese Einigkeit tragischen Opfermuthes verhinderte die fünf Helden aber keineswegs, ihren Witz aneinander zu üben, und sich gegenseitig mit der Leidenschaft für das schöne Mädchen auf alle Weise zu necken und zu foppen. Am meisten mußte dabei der arme Adam ausstehen. Sie suchten dem guten Jungen einzureden, daß Lambert eine Kugel bei Seite gelegt habe, welche nicht für die Franzosen bestimmt sei, und wie sie das dem Lambert gar nicht verdächten, da ihm außer Adam Niemand sonst gefährlich werden könne. Fritz Volz und Richard Herckheimer — das wisse Adam selbst am besten — hätten ihre Wahl bereits getroffen; Jakob Ehrlich und Anton Biermann weinten heimlich nach ihren Schätzen,

die sie am Mohawk gelassen — Adam aber gehe schon
seit Jahren herum, wie ein brüllender Löwe, der da
suche, wen er verschlinge, ein wandelnder Schrecken und
eine beständige Sorge für alle Bräutigams und jungen
Ehemänner. Und dann seien die Anderen hierher kom=
mandirt, Adam aber habe sich freiwillig eingefunden, und
er möge doch einmal sagen, zu welchem Zweck und in
welcher Absicht er gestern Abend, als er Wache stand:
„Wie schön leucht' uns der Morgenstern" so süß ge=
sungen, daß Katharine vor Freuden geweint und gesagt
habe! Nein, hört nur den Adam, der singt lieblicher
wie eine Nachtigall!

Adam blieb seinen Quälgeistern die Antwort nicht
schuldig. Sie sollten sich nur um ihre eigenen Ange=
legenheiten kümmern; er wisse, was er zu thun habe.
Dann gerieth er wieder in eine weinerliche Stimmung
und beschwor die Freunde, ihm auf's Gewissen zu sagen,
ob Lambert sich wirklich mit so schändlichen Absichten
trage, und ob Katharine alles Ernstes seinen Gesang so
schön gefunden und erklärt habe, sie wünsche in diesem
Leben nur noch Eines, und das sei eine blonde Locke
von dem Haupte des Sängers, um sie mit sich in's Grab
zu nehmen? Die Freunde schwuren hoch und theuer,
sie hätten es Jeder aus Katharine's eigenem Munde,
und sie hätten versprochen, ihr den bescheidenen Wunsch
zu erfüllen, und Adam solle nur gleich freiwillig seinen
Schopf hergeben, bevor die Indianer ihm denselben mit
Gewalt nähmen und die Kopfhaut dazu. Adam setzte
sich zur Wehr und rief um Hülfe und bat um Gnade,
bis die stille Runde von Geschrei und Gelächter widerhallte.

So war es auch am Nachmittag, als Lambert, den die innere Unruhe nicht im Hause ließ, hochaufwärts langsam am Ufer hin nach dem Walde schritt. Er blieb einen Augenblick stehen, als der Lärmen vom Hause her an sein Ohr schlug, und setzte dann kopfschüttelnd seinen Weg fort. Sie konnten scherzen und lachen, die guten Gesellen, in dieser Stunde der Trübsal und der Noth, die mit bleierner Schwere auf seiner Seele lastete! Und doch wußten sie, daß diese Stunde ihre letzte sein konnte! und doch hatten sie Eltern zu Hause, und Geschwister und Einer oder der Andere ein Mädchen, das er liebte: und das Leben dieser geliebten Menschen stand auf dem Spiele, wie ihr eigenes Leben! Aber freilich! sie waren Alle so viel jünger als er, und nahmen das Leben so viel leichter! so leicht, wie man es am Ende nehmen muß, um damit fertig zu werden, um nicht unter der Last zu erliegen! War er nicht schon zu alt, um noch mehr auf sich zu laden, er, der an der alten Last schon so schwer getragen? Wie oft hatten die Andern ihn deshalb verspottet, ihn: Hans, der Träumer, genannt! und es zu einem Sprich= wort gemacht, wenn irgend ein schwieriger Fall vorlag: dafür laßt nur den lieben Gott und Lambert Sternberg sorgen! Nun ja: er hatte die Sorge früh genug kennen gelernt, als die Mutter starb und ihn mit dem grämlichen, reizbaren Vater allein ließ, und er zwischen ihm und dem wilden Jungen, dem Konrad, und den Verwandten und der übrigen Gemeinde den Vermittler spielen mußte, und dann, nach des Vaters Tode, ihm die ganze Arbeit für das eigene Anwesen zufiel, und er dabei noch immer mit Rath und That helfen sollte, wenn es sonst irgend=

wo bei den Nachbarn fehlte. So hatte er gearbeitet
und immer nur gearbeitet, so hatte er gesorgt und immer
nur gesorgt, und es hatte sich ganz von selbst verstanden,
daß er in diesem Frühjahr die schwierige und verant=
wortliche Sendung nach New=York übernehmen mußte.
Er hatte sie übernommen, wie er Alles übernahm, was
den Anderen zu lästig war, ohne an einen Lohn für sich
zu denken, ohne auf den Dank seiner Auftraggeber zu
hoffen — und nun hatte es der Himmel gefügt, daß
er sie finden sollte, von der ein Blick ihm Lohn, ein
Wort ihm Dank für Alles war, was er je gethan,
was er je gelitten. Zu viel des Lohnes, zu viel
des Dankes! Er hatte es von Anfang an geahnt;
er hatte es nur zu bald erfahren: Wer gönnte ihm denn
ehrlich sein unverhofftes, sein mit bangem Zagen erfaßtes
Glück! Nicht die Nachbarn, die es ihm nie ver=
geben würden, daß er ihren Töchtern die Fremde vor=
gezogen; nicht Base Ursel, die, trotzdem ihr braver und
gerechter Sinn sich dagegen sträubte, doch lieber Konrad
an seiner Stelle gesehen hätte; und Konrad selbst, sein
einziger, geliebter Bruder! Ja, das war die tiefste
Kränkung, das war der gallenbittere Tropfen, der ihm
in den süßen Trank der Liebe geschüttet war, und den
er immerdar auf seiner Zunge spüren würde! Es sollte
eben nicht sein!

Aber, wenn dies nicht sein sollte, welchen Sinn und
welche Bedeutung hatte dann noch das Uebrige? warum
für eine Zukunft sorgen, die ihm keine reine Freude mehr
bringen konnte? weshalb an einem Leben hangen, das
ihm so verleidet war? warum den schweren Kampf auf=

nehmen, der bevorstand? warum hoffen, aus diesem Kampf
als Sieger hervorzugehen? — Da grünten seine Felder —
mochten sie doch zertreten werden! Da irrte sein Vieh
in der Wildniß — mochte es dem Feinde zur Beute
fallen! Da ragte sein Hof — mochte er in Flammen
aufgehen! da stand sein wohlbefestigtes Haus — mochte
es ihn und sie unter seinen Trümmern begraben!

So, in tiefster, schwermüthigster Bekümmerniß, stand
Lambert da, am Rande des Waldes, hinabschauend auf
sein Heimathsthal, das im hellsten Sonnenlicht erglänzte.
Kein Laut in der weiten Runde, nur das Summen der
Insecten über den sanft nickenden Gräsern und Blumen
der Prairie, und eine Vogelstimme dann und wann aus
den Wipfeln der dunkelgrünen Tannen, die regungslos
die Gluth der Sonne tranken. War denn Alles, was
eben durch sein Hirn gezogen, nur ein banger, schwerer
Traum, aus dem er aufwachen konnte, wenn er nur
wollte? war das Fanal dort, welches das Rauch- und
Feuerzeichen geben sollte für die Andern den Creek hinab,
nur zum Scherz errichtet? hatte Base Ursel, als sie ihm
gestern durch Fritz Volz, welchen er, schon nach Anbruch
der Nacht, sorgenvoll hinübergesandt, sagen ließ: sie habe
sichere Kunde, daß der Feind in nächster Nähe stehe, und
sie sollten die schärfste Wache halten — hatte Base Ursel
ihm nicht ein Märchen berichtet?

Da — was war das für ein Ton, der plötzlich
hinter ihm aus dem Walde sein scharfes Ohr berührte:
ein Knistern und Knacken in dem trocknen Gezweig, wie
wenn ein Hirsch in vollem Lauf durch die Büsche bricht!
— nein, kein Hirsch! — deutlich hörte er jetzt einen an=

deren Laut, den nur der Fuß eines Mannes hervorbringen konnte! eines Mannes, der um sein Leben rennt! Näher und näher, am Creek herab, den steilen, steinigen, buschüberwucherten Pfad in tollen Sätzen, wie wenn ein Stein den Abhang herabgeschleudert würde!

Ein jäher, freudiger Schrecken durchzuckte Lamberts Seele. So konnte auf der Welt nur eines Menschen Fuß auftreten! seines Bruders Fuß!

In athemloser Spannung steht er da — das wildpochende Herz zersprengt ihm schier die Brust; — er will rufen, aber der Laut stockt ihm in der Kehle; — er will ihm entgegen, aber die Kniee zittern unter ihm; — und im nächsten Moment bricht es durch die Büsche: Konrad ist es, an seiner Seite, in mächtigen Sätzen, und doch nur eben im Stande mitzukommen, die treue Dogge!

„Konrad," schreit Lambert, „Konrad!"

Er stürzt auf den Bruder zu: er umschlingt ihn mit seinen Armen. Vergessen ist Alles, was ihn noch eben so grausam gequält! Mag nun kommen, was will, jetzt ist es werth, zu leben und auch zu sterben, wenn es sein muß!

„Sie kommen, Konrad!"

„In einer Stunde sind sie hier!"

Fünfzehntes Capitel.

Die Gewißheit, daß jetzt der Augenblick der Entscheidung eingetreten, und die Freude, daß dieser Augen=

blick ihm den geliebten Bruder zurückgebracht, hatten
Lambert mit einem Schlage die Eigenschaften, wegen
welcher ihn Jung und Alt schätzte und rühmte: Kalt=
blütigkeit, Umsicht, sicheren Muth wiedergegeben. Ohne
einen Moment zu schwanken, was jetzt zu thun sei, eilte
er, dem Bruder zurufend, er soll die im Hause benach=
richtigen, auf der Planke über den Creek nach dem Hügel
drüben, auf welchem das Fanal errichtet war, weil man
es nur von dort aus den Bach abwärts im Dittmar'schen
Hause deutlich sehen konnte. Eine Minute später erhob
sich aus dem sinnreich gethürmten Scheiterhaufen eine
schwarze Rauchsäule, wie der Stamm einer Palme mäch=
tig aufstrebend und oben in der stillen Luft sich zu einer
gewaltigen Krone ausbreitend. Und da — eine Viertel=
meile den Bach hinab wallt es jetzt dunkel auf — Ohm
Dittmar hat gute Wacht gehalten. Das Signal ist be=
antwortet und weitergegeben und wird beantwortet und
weitergegeben werden; in einer Viertelstunde werden sie
zwei Meilen weiter am Mohawk wissen, daß hier oben
am Creek der Feind hereingebrochen ist. Nun zurück
über den Bach; ein kräftiger Stoß — die Verbindung
ist abgebrochen, die Planke treibt abwärts.

„Du noch hier, Konrad? Komm! wie werden sich
die Andern freuen!"

Lambert eilte voraus; langsamen, zögernden Schrit=
tes folgte Konrad. War es Ermattung nach dem furcht=
baren Rennen? war das Blut, mit welchem sein Leder=
wamms befleckt ist, aus seinen Adern gespritzt?

So fragte Lambert, aber er erhielt keine Antwort;
und jetzt waren sie an der fliegenden Brücke angelangt,

wo die Freunde, die auf der Mauer standen, sie mit
lautem Hurrah empfingen. Lambert eilte hinauf und
schüttelte jedem der braven Bursche in seiner Herzens=
freude die Hand. Konrad zauderte noch immer am Fuß
der Brücke. Sein Gesicht war bleich und wie verzerrt
von körperlichem Schmerz oder von einem innern Kampf.
Er hatte geschworen mit fürchterlichem Eid: er wolle die
Schwelle seines Vaterhauses nicht wieder betreten, oder
sein Blut solle kommen über ihn! Das starke, wilde
Herz krampfte sich zusammen in der Brust. Sein Blut
— was kümmert ihn das: er hat es nie geschont; er
hat es vor einer Viertelstunde noch in einem Kampfe,
wie nur er ihn aufnehmen, nur er zum glücklichen Ende
führen kann, auf's Spiel gesetzt; aber sein Wort! sein
Wort, das er noch nie gebrochen, und das er jetzt brechen
soll, brechen muß, wie sein heller Geist ihm sagt, wie
das edle Herz ihm gebietet — trotz alledem!

Und wie er dennoch zaudert, steht plötzlich zwischen
den hurrahrufenden Gesellen, sie, um derentwillen er
sich verbannt aus seinem Vaterhause. Wie von einem
Blitz geblendet, wendet er die Blicke ab; aber da ist sie
schon an seiner Seite und hat seine Hand erfaßt, mit
einem sanften Druck, dem er nicht widerstehen kann,
mit einer leisen Gewalt, der er folgen muß die Brücke
hinauf auf die Mauer, von der Mauer hinab in den
innern Hof, wo ihn die Gefährten jubelnd umdrängen,
und mit einem Male, von einem plötzlichen lustigen Ein=
fall allesammt getrieben, ihn ergreifen, hoch emporheben
und unter Jubel und Lärmen den Flüchtling, den Heim=
gekehrten zur offenen Thür hineintragen in's Haus, als

wollten sie mit neckischer List den Dämonen, die auf der Schwelle lauern, ihre Beute abjagen.

Wie dem auch sei; Konrad ist zurück, — die beste Büchse in den Kolonieen! Sie waren entschlossen, auch ohne Konrad ihre Pflicht zu thun, aber die schnellen Blicke, die kurzen Worte, die sie unter einander aus= tauschen, die freudestrahlenden Gesichter — sie sagen deutlich: es ist doch besser so, und wenn nun erst Base Ursel und Christian Dittmar da wären, so möchte der Tanz nur sofort beginnen! „Sie könnten schon da sein," meinten die Einen; „Hurrah! da kommen sie!" schreit Richard Herckheimer, der auf die Gallerie gestiegen ist, besser ausschauen zu können: „und zu Fuß, und es sind ihrer drei! der Dritte ist der Pfarrer. Hurrah, und nochmals Hurrah! und abermals Hurrah!"

Wer hat jetzt Zeit oder Lust, die Athemlosen zu fragen, wie denn der geistliche Herr hierher komme? Genug, daß sie da sind, zur rechten Zeit, und endlich die Brücke abgeworfen werden und die Thür mit den bereit liegenden starken Balken verrammelt werden kann. Und da sind sie nun eingeschlossen in ihrer hölzernen Festung, mitten in der Wildniß, meilenweit entfernt von jeder befreundeten Seele, allein auf sich angewiesen: auf ihren festen Muth, ihren starken Arm, ihr sicheres Auge: zwei Frauen, neun Männer und neun Büchsen, denn, wenn der geistliche Herr nicht für voll zu rechnen ist, und eine Büchse nicht zu führen wüßte, selbst wenn er kämpfen wollte, — Base Ursel hat eine Büchse und weiß sie zu führen und wird kämpfen, darauf kann man sich verlassen.

Und nun sind die Rollen vertheilt, und Alles und Jedermann ist an seinem Platze. Der untere durchaus verschlossene Raum birgt in einem Verschlage den Hans, welchen Lambert nicht opfern will, in einem anderen die Schafe, die man aus Mitleid mit hereingenommen und die jetzt jämmerlich in der Dunkelheit blöken; — auf der Gallerie des oberen Stockwerks hinter der Brustwehr, die Läufe der guten Büchsen in den Schießscharten, liegen Lambert, Richard, Fritz Volz, Jakob Ehrlich, Anton Biermann; auf dem Boden an den Luken des hohen Schindeldaches stehen Konrad, Base Ursel und der alte Christian, dessen weittragende Büchse seiner Zeit der Schrecken der Feinde war. Bei ihnen ist der Pfarrer, der, wenn er auch kein guter Schütze ist, doch eine Büchse schnell und regelrecht zu laden, sehr wohl versteht. Denselben Dienst versieht für die auf der Gallerie Adam Bellinger. Katharine wird den Kämpfern Speise und Trank bringen, wenn es nöthig ist. Lambert und die Andern alle haben sie beschworen, sich in keiner Weise vorzuwagen; sie aber hat im Stillen sich gelobt, im Falle der Noth, Adams Büchse, die jetzt müßig liegt, zu ergreifen und Base Ursels Beispiel zu folgen.

Und Schweigen herrscht in dem Hause. Wer es so liegen sähe, verschlossen, düster, stumm — er würde es von den Bewohnern verlassen wähnen — ein Stück aufgegebenes Menschenwerk in der Wildniß rings umher. Und schweigend in der Runde liegt die Wildniß unter dem Bann der heißen Nachmittagssonne; schweigend die grüne Prairie, auf der kaum eine Blume nickt, ein Halm sich wiegt; schweigend der Wald, dessen glänzende Wipfel unbeweglich zum blauen Himmel ragen. Von dem blauen Himmel schauen ein paar weiße Wolken regungslos hernieder.

Tiefstes Schweigen! Urwaldsstille!

Da! ein geller, langgezogener, vielstimmiger Schrei, von dem die Runde gräulich widerhallt; und aus dem Walde brechen sie hervor, funfzig halbnackte, mit den bunten Kriegsfarben bemalte Indianer auf einmal, die ihre Büchsen und Tomahawks schwingen und mit wilden Sprüngen eilend über die Prairie heransetzen; die einen unmittelbar auf das Blockhaus zu, die andern es im Bogen umschwärmend, um es in möglichst kurzer Zeit von allen Seiten zu berennen. Und still wie zuvor liegt das Haus; keine Antwort auf die Herausforderung, welche der heranstürmende Feind unablässig gellt und kreischt und heult. Schon sind die Ersten bis auf hundert Schrite heran — da kommt die Antwort: der kurze, scharfe Ton von vier deutschen Büchsen, die in demselben Moment abgefeuert werden, daß man nur einen Knall hört, aber vier Indianer stürzen vornüber, um nicht wieder aufzustehen. Die Andern beschleunigen nur den rasenden Lauf, sie haben fast die Umwallung erreicht; da krachen abermals vier Büchsen und abermals stürzen vier Indianer, der Eine, der in's Herz geschossen, hoch aufspringend, wie ein Hirsch.

Das hatten sie nicht erwartet; der zweiten Salve konnte eine dritte folgen, und noch liegt zwischen ihnen und dem Hause Graben und Mauer. Wer weiß, ob diese dritte Salve nicht fürchterlicher wird, als die beiden ersten? Keiner will es darauf ankommen lassen; im Nu

machen Alle Kehrt und jagen in derselben Eile zum
Walde zurück, den sie noch nicht erreicht haben, als
ihnen wiederum vier Schüsse nachgesandt werden. Und
noch zwei sinken todt hin, unmittelbar vor den Füßen
der Franzosen, welche sich im Walde verborgen gehalten,
voll Wuth und Schrecken das blutige Schauspiel vor
ihnen beobachtend, und sich jetzt sagen müssen, daß der
erste Angriff, den sie klüglich ihren indianischen Freunden
überlassen, gänzlich abgeschlagen ist.

Ja, der erste Angriff war abgeschlagen! Die im
Blockhause schüttelten sich die Hände, und griffen dann
wieder zu den frisch geladenen Büchsen. Von den In=
dianern richtete sich einer auf den Knieen und Händen
auf, und fiel wieder zurück, und bäumte sich abermals
empor. Richard Herckheimer sagt: „das ist mein Mann;
der arme Teufel soll sich nicht so lange quälen!" und
hebt die Büchse zur Wange; aber Lambert legt ihm die
Hand auf die Schulter: Wir werden jeden Schuß
brauchen, Richard, und der da hat genug! — Der In=
bianer rauft im Todeskampf das lange Gras, zuckt
noch ein paar Mal und liegt dann starr, wie seine Ge=
fährten.

Was wird jetzt geschehen? werden sie es noch ein=
mal auf dieselbe Weise versuchen? werden sie eine andere
Angriffsweise wählen und welche dann? Die jungen
Männer stritten darüber, auch Base Ursel, die vom Bo=
den herabgestiegen war, und sich zu ihnen gesellt hatte,
nahm Theil an der Discussion. Die Meinungen waren
getheilt: Lambert behauptete, sie würden bald genug
herausgefunden haben, wie stark die Besatzung sei und

wie viel sie im schlimmsten Falle zu opfern hätten, damit die Andern sicher bis zum Hause gelangten. Es käme also ganz darauf an, wie groß die Zahl sei, denn daß sie es vorhin nur mit einem Theil zu thun gehabt, und ihre Hauptmacht noch im Walde stecke, sei klar.

„Lambert hat recht," sagte Base Ursel. „Sie sind hundertfünfzig stark: fünfzig Franzosen, hundert Onondagas."

„Zweiundneunzig," meinte Anton Biermann, „denn acht liegen da."

Jakob Ehrlich lacht sonst jedesmal, wenn Anton Biermann einen Witz macht, dieses Mal lacht er nicht: er berechnet im Stillen, wieviel Indianer, die Franzosen noch bei Seite gelassen, auf sein Theil kommen, wenn ihrer wirklich so viel sind. Jakob Ehrlich kann die Zahl nicht herausbringen; aber gelangt zu dem Resultat, daß es unter allen Umständen eine harte Arbeit werden wird.

Die Andern blickten Base Ursel fragend an. Daß die Nachricht von Konrad herrührte, war gewiß. Wie hatte es Konrad erfahren? Base Ursel hätte nun eigentlich ihre gestrige Expedition mit dem Pfarrer erzählen müssen; aber dann konnte nicht verschwiegen bleiben, daß ohne ihre Vermittlung Konrad jetzt nicht hier wäre, und davon mochte sie nicht sprechen — heut' wenigstens nicht. Sie begnügte sich also, zu sagen, Konrad habe das Lager der Feinde gefunden und beobachtet, und sie Kopf für Kopf gezählt, und daß sie sich in zwei Haufen getheilt, von denen der größere: hundert Franzen und ebenso viele Onondagas und mindestens zweihun=

dert Oneidas, nach dem Mohawk aufgebrochen wäre und jetzt dort wohl angekommen sein würde; daß aber die Oneidas kein Herz für die Sache hätten, und wenigstens die Möglichkeit sei, daß sie im entscheidenden Augenblicke abfielen, und zu den alten Bundesgenossen übergingen.

„Wenn es so steht, können wir auch noch auf Entsatz vom Vater rechnen;" meinte Richard Herkheimer.

„Wir wollen auf Niemand rechnen, als auf uns selbst;" sagte Lambert.

„Was haben die Kerls denn nun vor?" fragte Anton Biermann.

Aus dem Walde heraus, in welchem seit der letzten halben Stunde die Feinde gänzlich verschwunden waren, traten drei Männer: ein Franzose und zwei Indianer. Sie hatten die Waffen abgelegt, dafür trugen sie lange Stangen, an deren Spitzen weiße Tücher befestigt waren. Sie schwenkten wiederholt die Stangen und ließen die Tücher flattern. So kamen sie langsamen Schrittes heran, als seien sie nicht ganz sicher und wollten sich erst überzeugen, ob man auf der andern Seite geneigt sei, die Parlamentärflagge zu achten. Anton Biermann und Jakob Ehrlich verspürten dazu keine Neigung. Sie meinten, die Schufte hätten im vorigen Jahr und niemals Pardon gegeben, und würden sich ihrerseits den Teufel an weiße Lappen kehren; und wenn ihrer auch nur Drei seien, so seien sie doch immer noch drei Schuß Pulver werth. Lambert hatte genug zu thun, die Aufgeregten zu beschwichtigen und ihnen klar zu machen, daß es nicht

Brauch sei, auf Unbewaffnete zu schießen, und daß sie, als Deutsche, nicht damit den Anfang machen wollten.

Unterdessen hatten sich die Parlamentäre bis auf eine kurze Strecke dem Hause genähert. Lambert erschien auf der Gallerie, nachdem er den Andern geheißen, sich nicht blicken zu lassen: „Halt!"

Die drei standen.

„Was wollt Ihr?"

„Giebt es Einen unter Euch, der französisch spricht?" fragte der Franzose in schlechtem Deutsch.

„Wir sprechen nur deutsch," antwortete Lambert. „Was wollt Ihr?"

Der Franzose, ein langer, schwärzlicher Kerl, stellte sich in möglichst theatralische Positur, indem er die Parlamentärstange mit der linken Hand in den Boden pflanzte und die rechte zum Himmel hob und rief:

„Ich, Roger de Saint Croix, Lieutenant im Dienste Seiner allerchristlichsten Majestät, Louis XV., und Befehlshaber Sr. Majestät hiesiger Truppen und der mit uns verbündeten Indianer vom Stamme der Onondagas, thue Euch hiermit kund und zu wissen, daß, wenn Ihr sofort und auf der Stelle die Waffen ablegt und Euch ergebt auf Gnade und Ungnade, wir Euch und Eure Weiber und Kinder am Leben lassen, Euch auch in Eurem Besitzthum nicht schädigen, vielmehr Alles: Haus und Hof und Vieh unversehrt lassen werden. Andernfalls aber, wenn Ihr wahnsinnig genug wäret, noch ferneren Widerstand zu leisten gegen die formidable Uebermacht von sechshundert wohlbewaffneten und disciplinirten Soldaten Sr. Majestät und eben so vielen tapfern und grausamen Indianern, so schwöre ich, Roger de Saint Croix, daß keiner von Euch mit dem Leben davon kommen wird, weder Ihr noch Eure Weiber und Kinder, und daß wir Eure Häuser und Höfe dem Erdboden gleich machen werden, daß Niemand die Stelle wiederfinden soll, wo selbige gestanden."

Der Mann hatte lauter und lauter geschrieen, bis er zuletzt nur noch kreischte. Jetzt ließ er den gesticulirenden rechten Arm an der Seite herabfallen, und stand da, in lässiger Haltung, wie Jemand, der ein gleichgültiges Gespräch führt, das er abbrechen oder fortsetzen wird, wie es eben dem Andern belieben mag.

„Soll ich für Euch antworten," fragte Anton, indem er an seine Büchse schlug.

„Still!" sagte Lambert und dann seine Stimme erhebend: „So kehrt zu Euren Leuten zurück und sagt ihnen, daß wir hier vereinigten deutschen Männer, Einer wie Alle und Alle wie Einer, entschlossen sind, das Haus zu halten, komme, was da wolle; und daß wir gutes Muthes sind, es halten zu können, und wenn Ihr wirklich zwölfhundert wäret, wie Ihr hundertundfünfzig auf den Kopf seid, die zehn, die da schon liegen, mitgerechnet."

Der Franzose machte eine lebhafte Bewegung der Ueberraschung und wandte sich zu seinen Begleitern, die, ohne eine Miene zu verändern, ohne sich zu regen, dagestanden hatten. Er schien ihnen etwas mitzutheilen, was auch ihre Aufmerksamkeit erregte, dann nahm er wieder die theatralische Positur von vorhin an und rief:

„Aus dem, was Ihr zuletzt gesagt, obgleich es falsch,

entnehme ich), daß ein gewisser Konrad Sternberg bei
Euch ist. Ich verspreche Euch, daß Euch kein Haar ge=
krümmt werden soll, und hundert Louisd'or dazu, wenn
Ihr uns diesen Konrad Sternberg ausliefert."

„Der Mann, von dem Ihr sprecht," erwiederte Lam=
bert, „ist bei uns und Ihr habt den Knall seiner Büchse
schon zweimal gehört, und werdet ihn, wenn es Euch
beliebt, noch öfter zu hören bekommen."

„Aber dieser Konrad ist ein Verräther, der uns auf
die schmählichste Weise betrogen hat," schrie der Franzose.

„Ich bin kein Verräther," schrie Konrad, der plötz=
lich neben Lambert stand; „ich habe Euch gesagt, daß ich
mich frei machen würde, sobald ich vermöchte. Wenn
Ihr diesmal geglaubt habt, daß Euer sechs mich halten
könnten, so werdet Ihr mir das nächste Mal wohl ein
Dutzend zur Bewachung geben."

„Das nächste Mal werde ich damit anfangen, Euch
erst den Skalp und dann den Kopf vor die Füße zu
legen," kreischte der Franzose in den höchsten Tönen.

„Genug!" rief Lambert; „ich gebe Euch zehn Mi=
nuten, in den Wald zurückzukommen; wer von Euch sich
dann noch draußen sehen läßt, thut es auf seine Gefahr."

Der Franzose ballte die Faust, besann sich dann
aber darauf, was ein Franzose unter allen Umständen
deutschen Tölpeln gegenüber sich selbst schuldig sei, und
zog, indem er sich graziös verbeugte, den großen drei=
eckigen Hut, machte dann auf den Hacken Kehrt, und
schritt anfangs langsam, dann schneller und schneller dem
Walde zu, bis er zuletzt in einen regelrechten Trab fiel,
offenbar, um den Deutschen die Schande zu ersparen,

vor Ablauf der bewußten zehn Minuten auf den Ab=
gesandten Sr. allerchristlichsten Majestät geschossen zu
haben.

„Herr meines Lebens," schrie Anton, „jetzt erkenne
ich ihn erst! Das ist ja derselbe Kerl, Jakob, der vor
drei Jahren bei uns betteln kam und der sich hernach
noch ein halbes Jahr in der Nachbarschaft umhertrieb.
Er nannte sich Mußjö Emil und sagte, er habe einen
Kameraden im Zweikampf erschossen und deshalb fliehen
müssen; aber Andre wollten wissen, er sei ein weg=
gelaufener Galeerensclave. Hernach wollte er Sally
heirathen, Joseph Kleemanns Farbige, aber die sagte, sie
sei zu gut für einen Kerl wie der, und Hans Kessel,
Sally's Schatz, prügelte ihn einmal windelweich, seitdem
war er verschwunden. Herr meines Lebens, und giebt
sich hier für einen Lieutenant aus und spricht von aller=
christlichster Majestät und will uns das liebe Leben lassen,
dieser niederträchtige Tellerlecker! dieser Galgenstrick!"

So schalt und schimpfte der ehrliche Anton und be=
hauptete, wenn er den Herrn Emil oder Saint Croix
oder wie der Kerl heiße, nicht vor seine Büchse bekomme,
so sei ihm der ganze Spaß verdorben.

Die Andern hätten gern gewußt, was Konrad mit
dem Franzosen vorgehabt, aber ihre Neugier blieb unbe=
friedigt, denn Konrad hatte sich alsbald wieder hinauf=
begeben, und schon wurde die Aufmerksamkeit der Be=
lagerten nach einer andern Seite gelenkt. Von dem Hof
stieg eine Rauchsäule auf, die mit jedem Momente dichter
und schwärzer wurde, bis die Lohe aus dem Schwall
hervorbrach. Der Feind hatte seine Drohung wahr ge=

macht. Es schien eine nutzlose Grausamkeit, denn der Hof lag zu weit vom Blockhause entfernt, als daß die Flamme hätte herüberspringen können, trotzdem der Wind, der sich jetzt ein wenig aufgemacht hatte, nach dem Hause stand und Rauch und Funken auf dasselbe zutrieb. Aber war doch dieser ganze Krieg eine einzige Kette solcher Grausamkeiten! Lambert hatte heute Morgen im Geiste gesehen, was er jetzt in Wirklichkeit sah, aber — er hatte das Alles mit seinen eigenen Händen geschaffen und seine Hände legten sich fester um den Lauf der Büchse.

Da krachte oben ein Schuß und noch einer, und Base Ursel rief zur Bodentreppe hinab: „Achtung! Augen links! im Rohr!"

Die Bedeutung dieser Worte und der Schüsse, die oben abgefeuert waren, wurde alsbald klar. Die Aufmerksamkeit der Belagerten war nicht umsonst nach der Landseite gelenkt worden! In dem dichten, mannshohen Schilf und Rohr, mit welchem das Ufer des Creek bewachsen war, konnte man vom Walde aus bis auf hundert Schritt an das Haus herankommen — ein verzweifeltes Unternehmen! denn der Untergrund war bodenlos sumpfig, soweit das Schilf stand und wo dasselbe endigte, floß der Creek tief und reißend; aber man hatte es gewagt, und es zeigte sich bald, mit welchem Erfolge. Bald hier, bald da und in immer schnellerer Folge knallte es aus dem Rohr; es mußte bereits eine beträchtliche Zahl den gefährlichen Weg betreten und sich am Ufer eingenistet haben, trotzdem die im Hause Alles thaten, um sich einer so unbequemen und gefährlichen

Nachbarschaft zu entledigen. Wo immer ein adlerfeder=
geschmückter Kopf oder nackter Arm sich zeigte, oder der
Lauf eines Gewehrs aufblitzte, ja, wo nur das Schilf
sich bewegte, schlug eine Kugel ein; aber, wenn auch be=
reits ein paar leblose Körper den Creek hinabschwammen,
andre sicher todt oder verwundet zwischen den Binsen
lagen, noch andre in dem Morast versunken sein mochten
— die Ueberzahl war zu groß, und der kühne, durch so
schwere Verluste erbitterte Feind schien es auf's Aeußerste
ankommen lassen zu wollen. Dazu kam, daß der Abend=
wind sich immer mehr aufmachte und die Spitzen des
Schilfs unaufhörlich hin= und herwiegte, so daß es schwer,
ja oft unmöglich war, die Bewegungen des unsichtbaren
Feindes zu verfolgen, und also mancher kostbare Schuß
vergebens gethan wurde. Das machte offenbar die An=
greifer kühner und kühner; immer weiter schob sich die
Feuerlinie das Ufer hinab, immer dichter hagelten die
Kugeln gegen die Brüstung und gegen das Dach; man
mußte jeden Augenblick erwarten, daß sie aus dem
Röhricht hervorbrechen, und, die kurze Strecke, welche sie
noch von dem Hause trennte, schnellen Laufes durch=
messend, zum Sturm übergehen würden.

Aber bald sollte es sich zeigen, daß man auf der
anderen Seite keineswegs gewillt war, die Entscheidung
des Tages auf diese eine Karte zu setzen. An dem
Waldessaume begann es plötzlich sich zu regen und zu
bewegen, als ob der Wald selbst lebendig geworden
wäre. Breite, mannshohe Schirme, aus Tannenzweigen
kunstvoll zusammengestellt, wurden heraus und in einer
Linie aneinander und weiter die sanft ansteigende Wiesen=

fläche nach dem Hause zu geschoben oder getragen — man konnte es nicht unterscheiden — langsam zwar, aber doch vorwärts kommend, bis man sich auf Büchsenschuß= weite genähert hatte, und die hinter den Schirmen postir= ten Schützen ein lebhaftes Feuer eröffneten. Die Schirme waren gewiß kein sicherer Schutz für die Angreifer, aber sie erschwerten den Belagerten doch das Zielen, die nun überdies gezwungen waren, ihre Aufmerksamkeit und ihre Büchsen nach zwei Seiten zugleich zu richten.

Aber der schlaue Feind hatte seine Erfindsamkeit noch nicht erschöpft. Von dem Hofe her, der jetzt bei= nahe vollständig niedergebrannt war, kamen sie ebenfalls, indem sie ein Dutzend von Lamberts großen Fässern vor sich herrollten, um, sobald sie nahe genug waren, diesel= ben aufzurichten und so sich einen Wall zu schaffen, der jeden Moment weiter vorgeschoben werden konnte und einen viel sichereren Schutz bot, als die Schirme aus Tannenzweigen. Anton Biermann hatte laut aufgelacht, als er die Fässer auf das Haus zukommen sah, aber nachdem er ein paar Schüsse, offenbar nutzlos, darauf abgefeuert hatte, lachte er nicht mehr und sagte leise zu seinem Freunde Jakob: „Die Geschichte wird ernsthaft."

Ernsthaft in der That! Noch hatte keiner von ihnen erheblichen Schaden genommen, trotzdem einer und der andre durch Splitter, welche die Kugeln von der Brüstung abschlugen, bös geritzt war und heftig blutete. Aber der Kampf währte jetzt bereits ununter= brochen drei Stunden! Es war ein heißes Stück Arbeit gewesen in der heißen Junisonne, und die Wangen der Kämpfer glühten und die Läufe ihrer Büchsen glühten.

Dennoch hatte sich manches Auge, wenn es nur einen
Moment von der blutigen, ungewohnten Arbeit auf=
schauen konnte, nach der Sonne gerichtet, und mit schwerer
Sorge beobachtet, wie schnell sie in diesen Stunden, die
nicht enden wollten, weiterrückte, wie tief sie bereits
stand. So lange sie leuchtete, mochte dieser verzweifelte
Kampf einer Handvoll Menschen gegen einen so vielfach
überlegenen, kühnen und verschlagenen Feind, hingezogen
werden und unentschieden bleiben. Aber wie bald mußte
die Entscheidung eintreten, wenn die Sonne sank und
das Dunkel heraufzog, das heute, wo der Mond erst
nach Mitternacht aufging, stundenlang mit undurchdring=
lichem Schleier das Thal bedecken würde, und in dem
Schutze des Nebels und der Nacht der Feind heranschlich
und heranstürmte! Die Balken des unteren Geschosses
waren dick genug, und die einzige Thür fest verrammelt;
aber ein Dutzend Beile mußten in nicht allzulanger Zeit
die Thür eingeschlagen haben, und die Balken, wie dick
sie waren, dem Feuer konnten sie nicht widerstehen!
Dann aber blieb den Belagerten keine Wahl, als sich
bei lebendigem Leibe verbrennen zu lassen, oder den
Versuch zu machen, sich mit den Waffen in der Hand
aus dem brennenden, eng umstellten Hause einen Aus=
weg zu bahnen. Und auch so war ihr Untergang gewiß.
Wer nicht sofort erschlagen wurde, mußte von der Ueber=
zahl der Verfolger auf der Flucht eingeholt und nieder=
gemacht werden.

So war die Lage. Sie konnte Niemand zweifelhaft
sein, weder den Belagerten, noch den Belagerern, die
sich längst überzeugt hatten, daß das Haus von höchstens

zehn Büchsen vertheidigt wurde. Aber wie sehr diese
Gewißheit auch ihre Kampfeslust erhöht und ihren Rache=
durst geschärft haben mochte — der Muth derer im
Blockhause war ungebrochen. Niemand dachte an eine
Flucht, die ja doch vergeblich, Niemand an Uebergabe,
die mit einem qualvollen Tode gleichbedeutend war. —
Alle waren sie entschlossen, sich bis zum letzten Athem=
zuge zu vertheidigen, und lieber sich selbst und, wenn es
sein müßte, Einer dem Andern den Tod zu geben, als
dem Feinde lebend in die grausamen Hände zu fallen.

Lambert und Katharine hatten sich das schon vor=
her gesagt, und sie hatten während des Kampfes mehr
als einmal den Todesbund mit stummen beredten Blicken
besiegelt. Aber nicht nur für den Geliebten war das
muthige Mädchen wie ein Banner gewesen, das dem
kühnen Krieger vorauf in die Schlacht flattert und an
welchem seine Blicke mit jener Begeisterung haften, die
den Tod überwindet. Wer die Bleiche, still Entschlossene,
rastlos Helfende nur ansah, der hatte aus einem Quell
des Muthes und der Kraft getrunken, daß ihm das
bange Herz höher schlug, und die ermüdeten Glieder
wieder erstarkten. Sie hatte des Gebotes, das immer
von Neuem an sie erging: „Bleib weg, Katharine! steh
nicht da, Katharine!" nicht geachtet. Wo sie sich nöthig
wußte, da war sie: oben bei den Männern auf dem
Boden unter dem glühenden Dach, unten bei denen auf
der Gallerie, diesem einen Trunk reichend, jenem die
eben abgeschossene Büchse aus der Hand nehmend, dem
andern ein Gewehr, das sie selbst geladen, in die Hand
drückend. Denn auch das hatte sie gelernt, schnell, wie

sie Alles lernte, nachdem sie gesehen, daß Adam Bellinger, trotzdem er sich redlich mühte, und ihm der Schweiß in Strömen von der Stirn rann, den Anforderungen nicht genügen konnte und die Schützen oft vergeblich nach ihren Waffen riefen.

So war sie eben wieder in dem innern Raum beschäftigt, als Konrad, Base Ursel, der alte Christian und der Pfarrer von oben herabkamen, während auch die auf der Gallerie zu schießen aufhörten und es selbst draußen still wurde.

„Was geht vor?" fragte Katharine.

„Sie werden es mit einem zweiten Sturm versuchen wollen," sagte Lambert, der von der Gallerie hereintrat. „Es ist gut, daß Ihr kommt, wir müssen jetzt alle Mann auf die Gallerie, wir werden sie bald genug unter uns haben."

Auch Andre traten herein, zu hören, was nun geschehen solle; man war fast vollzählig versammelt.

„Ich denke," sagte Lambert, „wir geben keinen Schuß ab, bis sie auf der Mauer sind, denn sie würden jetzt doch nicht wieder umkehren und wir haben dann ihrer acht sicher. Hernach wollen wir fünf die Andern in Respect halten, während Ihr versucht, ob Ihr den Schuften unter uns das Handwerk legen könnt. Sind alle Büchsen geladen?"

„Hier! und hier!" sagten Katharine und Adam, die beiden letzten Büchsen hinreichend.

Der Zufall wollte, daß es gerade Lamberts und Konrads Büchsen waren; und wie sie beide zu gleicher Zeit herantraten und Jeder die Hand nach der Waffe ausstreckte, da war es kein Zufall, daß es bei Beiden die linke Hand war, denn sie hatten sich im nächsten Moment die Rechte gereicht, und standen so vor Katharine, die tief erröthend einen Schritt zurückwich, als fürchtete sie, daß ihre Nähe den Bund der Brüder von Neuem stören könne. Aber der Pfarrer legte seine Hand auf die Hände der Brüder, die sich in kräftigem Drucke festhielten und sagte: „So wie diese Beiden, die sich einen Augenblick verloren hatten, in der Stunde der Gefahr sich wiedergefunden haben, um im Leben und im Sterben und in Ewigkeit vereint zu sein und zu bleiben, so, Ihr lieben Brüder und Schwestern, lasset uns Gott danken und preisen, daß wir Alle hier so einmüthig beieinander stehen und daß wir in dieser feierlichen Stunde, die nach menschlicher Berechnung unsere letzte ist, das höchste Gebot erfüllen, und uns untereinander lieben. Und weil uns Höheres, als dies, das Leben nicht bieten kann, und wenn wir tausend Jahre lebten, so laßt uns ohne Klage von dem lieben Leben Abschied nehmen! Wir werfen es nicht leichtsinnig fort; wir haben es vertheidigt, so gut wir konnten. Aber wir sind nur Fleisch und Blut, und diese unsere Burg ist von Holz. Gott aber, der uns nach seinem Ebenbilde schuf und seinen Odem einblies — Gott ist ein Geist und eine feste Burg. Eine feste Burg ist unser Gott!"

Und wie der Pfarrer das Wort gesprochen, da — als hätte es der Geist ihnen gegeben, den sie angerufen, zuckte es durch die kleine Gemeinde und wie aus einem Munde erschallte es in feierlichem Chor:

„Ein' feste Burg ist unser Gott,
Ein' gute Wehr und Waffen,
Er hilft uns frei aus aller Noth,
Die uns jetzt hat betroffen,
Der alte, böse Feind,
Mit Ernst er's jetzt meint.
Groß' Macht und viel' List,
Sein' grausam' Rüstung ist,
Auf Erden ist nicht seines Gleichen.

Mit unf'rer Macht ist nichts gethan,
Wir sind gar bald verloren;
Es streit't für uns der rechte Mann,
Den Gott selbst hat erkoren.
Fragst Du, wer er ist,
Er heißt Jesus Christ,
Der Herr Zebaoth,
Und ist kein andrer Gott,
Das Feld muß er behalten.

Und wenn die Welt voll Teufel wär',
Und wollt' uns gar verschlingen,
So fürchten wir uns nicht so sehr,
Es muß uns doch gelingen!"

Und da waren sie von allen Seiten zugleich, als hätte der Bach und die Prairie und der Wald sie auf einmal ausgespieen; da kamen sie in wilden Sprüngen, die Beile und die Flinten und die Reisigbündel schwingend, Franzosen und Indianer: Jäger und Hunde, zum Kampfe hetzend, vor Kampfgier heulend. Im Nu war der kurze Zwischenraum überflogen. Hinein in den Graben, zur Mauer hinauf, in tollem Schwunge, mit den

Nägeln sich einhakend, Einer auf den Schultern des Andern: hinauf, hinauf!

Hinauf aber nicht hinüber! zum wenigsten die Ersten nicht! So wie ein Kopf über der Mauer auftaucht, ein paar Ellbogen sich aufstemmen, eine Brust sich bietet, kommt die tödtliche Kugel und der Verwegene rollt in den Graben zurück: der Erste und der Zweite, der Dritte und der Vierte — dem Fünften endlich gelingt es und einem Sechsten, und jetzt einem halben Dutzend auf einmal, und an einer andern Stelle noch einem paar. Das sind genug! Der Zweck ist erreicht! Commandoworte werden gerufen. Die noch jenseits der Mauer sind, ziehen sich wieder zurück, zu zwei und zwei einen geschlossenen Kreis um das Haus formirend, und unabläßig feuernd, um wieder — und dann zum letzten Male — vorzugehen, sobald die, welche bis zum Hause gedrungen sind, ihr Werk vollbracht haben.

Und bald wird es vollbracht sein. Scharfe Beile hacken in die Thür: die Beilschwinger verstehen ihre Arbeit, sie haben schon in manches verschlossene Haus Bresche geschlagen! Und die auf der andern, dem Wind zugekehrten Seite verstehen ihre Arbeit nicht minder gut; sie haben schon an manches Haus, dem sie nicht anders beikommen konnten, den Feuerbrand gelegt! Wohl schießen die oben durch die runden Löcher in dem Boden der Gallerie, und ein oder zwei von denen unten müssen ihre Kühnheit mit dem Leben bezahlen; aber die Andern stehen gedeckt, und der Kugelregen, mit welchem das Haus überschüttet wird, zersplittert die Kräfte der Belagerten, die sich nach allen Seiten zugleich wenden sollen.

Noch ein paar Hiebe und die Thür liegt in Trümmern und aus dem dicken Rauch, der drüben aufsteigt, wird bald die Lohe herausschlagen.

Die Belagerten wissen es. Ein Versuch, die drohende Gefahr — und wäre es auch nur für kurze Frist — zu bewältigen, muß gemacht werden. Sie müssen einen Ausfall wagen: ihrer Zwei sollen es. Welche zwei?

„Ich," ruft der brave Pfarrer. „Was ist an mir gelegen?"

„Ich," ruft Konrad; „das ist meine Sache!"

„Konrads und meine," ruft Lambert mit starker Stimme, „und Niemandes sonst! Hinweg Ihr Andern, auf Eure Posten! Du, Richard und Fritz! Ihr haltet die Thür besetzt. Hier sind die Beile, und nun in Gottes Namen!"

Die Balken, welche die Thür von innen sichern, werden weggeräumt, ein starkes Brett bloszulegen, welches genau in die Oeffnung paßt, und an welches bereits, da die eigentliche Thür zertrümmert ist, die Schläge von außen dröhnen. Der letzte Balken wird weggezogen; das Brett fällt, die Bresche, welche die Belagerer gewollt, ist da, und aus der Bresche hervor, stürzt, Lambert und Konrad bei Seite drängend, der alte Christian Dittmar, hoch die Axt in den nervigen Armen schwingend, rufend: „hie Deutschland allewege!"

Es ist das erste Wort, das heute aus seinem Munde kommt, und es ist sein letztes — für heute und für immer! Von drei Kugeln auf einmal durchbohrt, von einem Dutzend Messerstichen und Beilhieben zerfleischt und zerschmettert, fällt er; aber sein hochherziger Zweck

ist erreicht. Er hat die erste Wuth des Anpralls ge=
brochen; er hat den beiden jungen Männern hinter ihm
eine Gasse gemacht. Sie stürzen in diese Gasse; nichts
kann Konrads Riesenkraft widerstehen. Hageldicht fallen
seine Streiche, er wüthet in dem Schwarm, wie ein Ja=
guar zwischen Schafen. Ja, es ist der Jaguar, der über
sie gekommen ist! der große Jaguar, wie sie ihn nennen
an den Seen, und der schon so Manchen aus dem Stamme
der Onondagas zerrissen hat! Sie wollen mit dem bösen
Geiste selber kämpfen, aber sie können nicht die Augen
des großen Jaguar lodern sehen; sie vermögen nichts
gegen den großen Jaguar! Sie stürzen davon, auf die
Mauer zu, über die Mauer, in den Graben hinab, von
Konrad verfolgt, dem Lambert, welcher bereits den
Scheiterhaufen auseinandergerissen hat, zuruft: er solle
nicht weiter, er müsse zurück! Denn die Andern, welche
die schimpfliche Flucht ihrer Gefährten sehen, haben ihr
Feuer nur auf die Beiden gerichtet, Kugel auf Kugel
schlägt neben Lambert in die Wand; es ist ein Wunder,
daß er noch unverletzt ist, ja, daß er noch lebt! Aber er
denkt gar nicht an sich; er denkt nur an den löwen=
herzigen Bruder. Er stürzt auf den Rasenden zu, der
eben mit drei Indianern — den letzten innerhalb des
Ringes — hart an der Mauer kämpft. Sie sollen nicht
mehr hinüber. Er ergreift den Einen, wirbelt ihn empor
und schmettert ihn gegen die Mauer, auf welcher der
Unglückliche mit zerbrochenem Genick liegen bleibt; die
die beiden Andern benutzen den Augenblick; sie klettern
über die Mauer; der Eine drückt, ehe er sich in den
Graben gleiten läßt, sein Gewehr ab.

„Komm' herein, um Gotteswillen, Konrad;" ruft Lambert.

Er ergreift Konrad bei der Hand; er zieht ihn mit sich fort; sie haben die Thür fast erreicht; da schwankt Konrad, wie ein Trunkener. Lambert faßt ihn um den Leib. „Es ist nichts, lieber Bruder;" sagt Konrad und richtet sich auf; aber in der Thür bricht er zusammen, ein Blutstrom stürzt aus seinem Munde und netzt die Schwelle, die er nicht wieder hat betreten wollen, es komme denn sein Blut über ihn.

Die Thür ist wieder verwahrt, stärker noch, als zuvor. Das Feuer, das Lambert auseinandergerissen hat, verschwelt machtlos am Fuße des Hauses. Das Haus ist gerettet: auf wie lange? die kleine Schaar, die es vertheidigt, ist um zwei Kämpfer ärmer: die Uebrigen sind von der furchtbaren Arbeit bis zum Tode erschöpft: die Munition ist bis auf wenige Schüsse verbraucht und die Sonne schießt ihre letzten rothen Strahlen über den einsamen Kampfplatz im Walde. In wenigen Minuten wird sie untergehen; die Nacht wird heraufziehen — die letzte Nacht.

„Dein Bruder ist todt!" sagt der Pfarrer zu Lambert.

„Er ist uns vorangegangen;" erwiederte Lambert. „Bleibe in meiner Nähe, Katharine."

Der Pfarrer und Katharine sind unten um Konrad beschäftigt gewesen. Der Pfarrer ist ein heilkundiger Mann; aber hier hat seine Kunst nichts vermocht. Konrad hat die schönen blauen Augen nur noch einmal aufgeschlagen mit einem wirren Blick, der plötzlich hell und klar geworden, als durch die Nebel des Todes Katha=

rine's Antlitz ihm erschienen ist. Dann hat er still, mit geschlossenen Augen dagelegen, tiefer Friede in den noch eben so wilden, kampfestrotzigen Zügen und hat noch einmal aufgeathmet. Dann ist sein Haupt auf die Seite gesunken, als dürfe er nun ruhig schlafen.

Die Sonne ist in die Wälder getaucht; um die auf der Gallerie fließt blutrother Abendschein.

„Worauf warten die Kerls?" fragt Jakob Ehrlich.

„Dir wird die Ewigkeit noch lang genug werden, Narre," erwiedert Anton Biermann.

„Wenn der Vater uns Entsatz schicken will, wird er sich beeilen müssen," sagt Richard Herckheimer mit einem schwermüthigen Lächeln.

„Hurrah, hurrah und abermals hurrah!" schreit Adam Bellinger oben zur Dachluke heraus.

„Der Adam ist verrückt geworden;" sagt Fritz Volz.

„Sie kommen, sie kommen!" schreit Adam, der jetzt die Bodentreppe hinabstürzt und wie ein Toller herumtanzt und dann dem Pfarrer laut weinend in die Arme stürzt.

„Armer Junge, armer Junge!" sagt der Pfarrer.

Lambert ist um die Gallerie herumgegangen auf die andere Seite, von der man den Creek hinabsieht bis an die Waldecke, wo der Weg eine Biegung macht und dann verschwindet, um etwas weiter hin noch einmal auf eine kürzere Strecke sichtbar zu werden. Der Weg liegt frei da hüben und drüben; die schwache Hoffnung, die in Lambert aufgeglimmt war, erlischt alsbald; er schüttelt traurig das Haupt.

Und doch! welch' ein Ton ist das? Ein dumpfer,

starker Ton, den Lambert deutlich vernimmt, denn in
diesem Augenblick ist auch das Geschrei der Feinde ver=
stummt. Der Ton wird schwächer und wieder stärker;
Lambert pocht das Herz zum Zerspringen.

Und plötzlich biegt es um die Waldecke: ein, zwei,
drei Reiter in vollem Jagen, und einen Moment darauf
ein ganzer Haufe: zwanzig, dreißig Pferde, unter deren
Hufen der Boden dröhnt. Die Reiter schwingen ihre
Büchsen; und: „Hurrah! hurrah!" schallt es bis zu
Lambert hin.

Er springt zu den Genossen. „Habt Ihr Alle ge=
laden? Dann auf und darauf! jetzt ist die Reihe an
uns gekommen; jetzt wollen wir sie jagen!"

Eine scharfe Jagd, eine wilde Jagd auf der dämm=
rigen Prairie her hinter den Franzosen und ihren In=
dianern, die in toller Flucht nach dem Walde stürzen,
und deutsche Büchsen knallen hinterdrein!

Sechszehntes Capitel.

Es war im fünften Sommer nach diesen Ereig=
nissen, da brachte die Augustsonne, welche in strahlender
Glorie sich aus den Wäldern hob, den Deutschen am
Creek und Mohawk und am Schoharie einen gar herr=
lichen Tag. Heute mochten Bison und Hirsch unbelästigt
ihre Pfade durch den Urwald ziehen — der Jäger nahm
den scharfen Schuß aus der Büchse und that dafür eine
tüchtige Ladung losen Pulvers hinein; heute blieben

Kühe und Schafe in den Koppeln sich selbst überlassen — der Hirt hatte seinen Sonntagsrock sauber gebürstet und einen großen Blumenstrauß an den Hut gesteckt; heute ruhte die Arbeit auf den Feldern und wäre sie noch so dringend gewesen — der Ackersmann hatte Dringenderes zu thun: er und der Hirt und der Jäger und alle Welt, Jung und Alt, Männer, Weiber und Kinder — sie hatten ein großes Fest zu feiern, das große, wunderschöne Friedensfest.

Denn Friede war es wieder auf Erden, die sieben lange Jahre hindurch das Blut ihrer Kinder in Strömen getrunken: Friede drüben in der alten Heimath, Friede hüben in der neuen. Dort war der Held des Jahrhunderts, der alte Fritz, der große Preußenkönig mit seinen Feinden fertig geworden und hatte den Degen in die Scheide gesteckt; so mochte denn auch hier das Kriegsbeil begraben werden.

Zwar war es in den letzten Jahren schon stumpf genug gewesen. Seitdem im Frühsommer 58 der Angriff der Franzosen und ihrer Indianer so wacker von den Deutschen zurückgeschlagen war, hatten sie keinen Einfall mehr über eine Grenze gewagt, die von einem so streitbaren Geschlecht vertheidigt wurde; und als nun gar Fort Frontenac gefallen und endlich Quebeck im folgenden Jahre übergeben war, da war der Sieg Englands entschieden gewesen, und was noch folgte, nur ein letztes Aufflackern und Funkenstieben des großen Brandes. Aber für ein deutsches Schindel- oder Strohdach sind auch Funken gefährlich, und noch immer hatte sich der Hausherr mit Sorgen zu Bett gelegt, und war am an-

dern Morgen mit der Büchse auf der Schulter an die
Arbeit gegangen — nun war auch die letzte Spur der
Unsicherheit geschwunden, und Friede, Friede läuteten
die Glocken in den Kirchlein weit hinein in die sonnigen
Felder und stillen Wälder!

Und aus den Wäldern, über die Felder kamen sie
in festlichen Schaaren, zu Fuß und zu Roß, Jung und
Alt, blumengeschmückt, sich schon von fern fröhlichen
Gruß zuschickend und sich herzlich die Hände schüttelnd,
wenn sie nun auf den Kreuzwegen zusammentrafen, und
trauliches Gespräch pflegend, während sie zusammen
weiterzogen durch das lachende Thal zwischen Mohawk
und Creek den Hügel hinan, auf welchem die Kirche
lag, die heute die Zahl der dankbar frommen Waller
nicht zum kleinsten Theil fassen konnte.

Aber Gott wohnt nicht in Tempeln, aus Menschen=
händen gemacht! Licht ist das Kleid, das er anhat; der
Himmel ist sein Stuhl und die Erde seiner Füße Schemel!
Und das ist der Text der Predigt, die der würdige
Pfarrer Rosenkrantz heute unter dem lichten Himmel
seiner Gemeinde hält, die auf der grünen Erde in weitem,
weitem Kreise um ihn her versammelt ist. Er preist in
Worten, die wie auf Adlerfittigen über die stille Ver=
sammlung rauschen, den großen, guten Gott, zu dem
sie gerufen in ihrer Noth und der sie errettet hat aus
der Gefahr draußen im wilden Walde, auf einsamer
Prairie. Er gedenkt derer, die in diesem Kampfe ge=
fallen sind, und daß sie nicht vergeblich ihr theures Blut
vergossen haben für Haus und Hof, darin der Mensch
wohnen muß, um im Kreise der Seinen, am häuslichen

Heerde, die Tugenden der Liebe, der Hülfsbereitschaft, der Geduld zu üben und zu leben nach dem Bilde dessen, der ihn erschuf. Und daß die Ueberlebenden nun berufen sind und auserwählt, nach der fürchterlichen Arbeit des Krieges zu den köstlichen Werken des Friedens; und daß aller Hader und Zank und Mißgunst und Streit nun verbannt sein müsse aus der Gemeinde, sonst würden die Todten aufstehen und klagen und fragen: warum sind wir gestorben?

Die Stimme des Predigers hatte mehr als einmal vor Rührung gezittert. Hatte er doch Alles selbst mit durchgemacht und durchgekämpft! Kam ihm doch jedes Wort aus dem tiefsten Herzen! Und wie es von Herzen gekommen, so war es zu Herzen gegangen. Da war wohl kaum einer unter all den Hunderten, dessen Augen thränenleer geblieben wären; und als er den Segen über die Gemeinde gesprochen, und daß der Herr, der jetzt so sichtbar sein Antlitz über ihnen leuchten lasse und ihnen den Frieden gegeben habe, sie auch ferner segnen und behüten möge und ihnen Frieden geben, Amen! da zitterte das Wort in allen Herzen nach und hunderte von Stimmen murmelten: Amen! Amen! wie wenn der Wind durch die Wipfel des Waldes rauscht. Und dann erhob sich das Rauschen stärker und mächtiger und in feierlichen Accorden fluthete es dahin über die sonnigen Felder:

„Nun danket alle Gott!"

Dann zogen sie davon, stiller als sie gekommen.

Aber das Friedensfest sollte ja auch ein Freudenfest sein, und es waren neben den Alten viel zu viel Junge,

als daß die Freude lange still hätte bleiben können.
Da wurden zuerst ein paar muntere Worte schüchtern
gewechselt und dann hatte ein lustiger Bursch einen
neckischen Einfall, den er doch unmöglich bei dem schönen,
hellen Sonnenschein für sich behalten konnte, und die
Alten lächelten, die Bursche lachten, und die Mädchen
kicherten, und das Gelächter und die Fröhlichkeit waren
so ansteckend, daß die Büchsen wie von selber losgingen
und eine Stunde später hätte, wer es nicht besser wußte,
glauben mögen, das Herckheimer'sche Gehöft, das die
Franzosen selbst in den Schreckensjahren 57 und 58 nicht
anzugreifen gewagt hatten, sollte heute am Friedensfest
von deutschen Burschen im Sturm genommen werden.

Das war nun freilich nicht nöthig. Nikolaus Herck=
heimers großes, immer gastliches Haus hatte heute alle
Thüren noch weiter als sonst aufgethan, denn männiglich
und weiblich, was am Mohawk wohnte und am Creek
und Schoharie, Alles was deutsch war, oder sich freuen
wollte mit den Deutschen, war eingeladen und willkom=
men, von Nikolaus Herckheimers Bier zu trinken und
von seinen Braten zu essen und fröhlich mit den Fröh=
lichen das große Fest feiern zu helfen. Und, wie Alle
eingeladen waren, so war Niemand zu Hause geblieben;
es wäre denn eine Mutter gewesen, die ihre Kinder nicht
hätte allein lassen wollen, oder wer sonst durchaus nicht
abkommen konnte. Selbst der dicke Johann Mertens
war gekommen und trieb sich schmunzelnd zwischen den
Gästen umher, die Daumen in den Taschen seiner langen
rothen Weste, außer wenn er Jemand auf die Seite zog,
um ihn geheimnißvoll zu fragen, ob es nicht sehr schön

von dem Johann Mertens sei, daß er dem Nikolaus
Herckheimer den Vorrang gelassen und sogar dessen Fest
mit seiner Gegenwart beehre, der er doch ebenso gut eine
große Gasterei ausrichten könne und vielleicht noch ein
wenig besser. Auch Hans Haberkorn war erschienen und
that sogar sehr bescheiden, und erinnerte den Einen oder den
Anderen daran, ob er nicht schon damals gesagt habe,
drei Fähren über den Fluß seien nicht zu viel. Nun,
sie wären jetzt ihrer sechs Fergen und hätten alle ihr gutes
Brod. — Einige meinten freilich, Hans Haberkorn spreche
nur so, weil er Nikolaus Herckheimer jeden Pfennig
schuldig sei, den die Fähre und die Schenke werth seien
und noch ein paar hundert Dollars dazu; aber wer hatte
jetzt Zeit, dergleichen zu untersuchen?

Die jungen Bursche und Mädchen gewiß nicht, die
auf dem Wiesenplan neben dem Hause im Schatten der
mächtigen Platanen nach dem munteren Klange einer
Violine, zweier Pfeifen und einer Trommel unaufhörlich
sich im Tanze schwangen. Und die Aelteren und die
Alten, die unter dem langen Vordach des Hauses
im Kühlen saßen und bedächtig einen Krug nach
dem anderen leerten, hatten auch besseren Stoff zur
Unterhaltung. Da erinnerte man sich — weil man es
heute durfte — dessen, was man selbst oder doch der
Vater — von dem Großvater wußten die Wenigsten
zu berichten — ausgestanden hatte drüben in der alten
Heimath; wie der böse Feind, der Franzmann, gesengt
und gebrannt, den schönen, grünen Rhein hinauf und
hinab; und wie der eigne Landesherr, was der Franze
ihnen nicht geraubt, durch seine Amtleute habe eintreiben

laſſen, damit er in ſeinen herrlichen Schlöſſern mit ſeinen Buhlerinnen praſſen und glänzende Feſte feiern und große Jagden abhalten konnte, während der arme, von Frohnden und Laſten aller Art gedrückte Bauer ſchier Hungers ſtarb. Und dann die Pfaffenwirthſchaft! und der Zehnten! und des heiligen, römiſchen Reiches deutſcher Nation anderer endloſer, unnennbarer Jammer! Ja, ja, es hatte drüben ſchlimm ausgeſehen; und wenn es nun auch wohl ein gut Theil beſſer geworden, ſeitdem der große Preußenkönig, der alte Fritz, mit ſeinem Schwerte dazwiſchengefahren und mit dem Krückſtock wacker nachgeholfen — freier und ſchöner lebte es ſich doch hier, wo man, wenn man es recht bedachte, eigentlich gar keinen Herrn hatte, und der Pfarrer — waren juſt auch nicht alle ſo brav, wie der Roſenkranz — doch mit ſich ſprechen ließ, und man ſeines Lebens froh werden konnte, beſonders jetzt, nachdem der Franze zu Kreuz gekrochen und der Krieg zu Ende!

Und nun kam man auf den Krieg zu ſprechen. Das war ein unerſchöpfliches Thema. Ein Jeder hatte daran Theil genommen, hatte ſelber mitgekämpft, und alſo hatte Jeder ſeine Geſchichte zu erzählen, ſeine ganz beſondere Geſchichte, die — wenn auch ſonſt Niemandem — doch dem Erzähler die bei weitem intereſſanteſte war. Dann aber gab es Ereigniſſe in dem Kriege, von denen Alle zugaben, daß ſich hier gleichſam das Intereſſe gipfle — Ereigniſſe, die hundert Mal durchſprochen waren und die man immer wieder gern noch einmal durchſprach, und die, trotzdem die Augenzeugen zum größten Theil noch lebten, sich bereits in ein beinahe sagenhaftes Gewand gehüllt hatten.

Von diesen ganz besonders merkwürdigen Ereignissen war aber keines merkwürdiger, als der Kampf um das Sternberg'sche Haus im Jahre 58. Und wenn die That=sache, daß sich neun Männer sechs oder sieben Stunden lang gegen hundertundfünfzig wohlbewaffnete Feinde be=hauptet hatten, schon an sich schier unglaublich war, so spielten in der Geschichte noch ein paar Momente mit, die derselben auch in den Augen der ganz Nüchternen einen romantischen Anstrich gaben. Der Streit der Brü=der um das schöne Mädchen, das jetzt als die schönste Frau in dem ganzen Districte galt; die Versöhnung in der letzten Stunde und der gleich darauf erfolgende Heldentod Christian Dittmars und Konrads — des Aelte=sten und des Jüngsten der Schaar, und Beide gleich schön gestorben, daß man nichts Besseres thun kann, als ihnen folgen, wie Base Ursel gesagt hatte, da man die Beiden in die kühle Erde senkte. Nun ja, sie war ihnen bald genug gefolgt, die brave, wunderliche Seele, die so rauh that, und deren Herz so weich war, daß sie nicht mehr leben mochte und nicht mehr leben konnte, ohne ihren alten Gatten, mit dem sie vierzig Jahre Freud' und Leid, so viel des Leides! getragen, und ohne ihren wilden, starken, ihren letzten, vielleicht am meisten ge=liebten Sohn. Ja, ja, das war er Base Ursel gewesen — der Indianer, wie sie ihn schon vorher genannt hat=ten, der große Jaguar, wie sie ihn noch heute an den Seen nannten — der Konrad Sternberg! Wild und stark! Wenn der heute noch gelebt hätte, würde Corne=

lius Broomann vom Schoharie vorhin nicht den Sieg über die jungen Männer vom Mohawk davongetragen haben! Nun ja, es war keine Kleinigkeit, was der Cornelius geleistet! Einen Schlitten mit zwölf schweren Männern beladen und auf den ebenen Sandboden gestellt, an der Deichsel anderthalb Fuß breit von der Stelle zu ziehen! Aber Konrad hätte den Schlitten fünf Fuß gezogen und den Cornelius dazu auf die Schultern genommen! Ja, ja, der Konrad Sternberg war mit übermenschlichen Kräften begabt gewesen; würde er sonst — ein einzelner Mann — mit den vierundzwanzig Indianern fertig geworden sein, die schon bis an's Haus vorgedrungen waren! Und war es nicht übermenschliche Kühnheit von ihm, dem jeder einzelne Onondaga den Tod geschworen, trotzdem zu ihnen in's Lager zu gehen und die Onondagas mit den Oneidas und beide wieder mit den Franzosen zu verhetzen und sich dann doch den Onondagas auszuliefern, als sie darauf bestanden, um doch wenigstens eine Sicherheit zu haben; und ihnen zu erklären, er werde bei ihnen bleiben, so lange sie ihn zu halten vermöchten. Und die Tröpfe, die es doch besser wissen konnten, hatten gemeint, daß dazu sechs Mann ausreichten, und hatten die sechs, mit dem Konrad als Wegweiser, in den Vortrab gestellt. Ja, er hatte ihnen die Wege gewiesen, dahin, von wo Keiner zurückkommt! So hatte er das Sternberg'sche Haus gerettet, und wenn man es recht bedachte, alle Häuser am Creek und Mohawk, da die Oneidas, als es eben zum Kampfe gekommen war, übergingen, und die Franzosen und Onondagas froh sein konnten, daß man sie am Abend nicht

schärfer verfolgte, weil man die Hälfte der Reiterei an
den Creek schicken mußte, das Sternberg'sche Haus zu
entsetzen. Ja, das war ein Mann gewesen, der Konrad,
wie wohl so leicht keiner wieder unter ihnen aufstehen
würde, ein Simson untern den Philistern, der sie schlug
mit eines Esels Kinnbacken, wie der Pfarrer heut in der
Predigt gesagt, wenn er Konrads Namen auch nicht ge=
nannt hatte. Der Pfarrer wußte davon zu erzählen! er
war ja selbst dabei gewesen, und könnte noch mehr er=
zählen, wenn er wollte; aber er ging ja nie mit der
Sprache heraus, sobald auf das Capitel die Rede kam.
Nun, nun, es war einem Diener des Friedens vielleicht
nicht zu verdenken, wenn er jetzt nicht daran erinnert
sein wollte, daß er sechs Indianer mit eigener Hand an
jenem Tage erlegt habe; und wenn Lambert Sternberg
so selten über den Bruder spreche, so habe er vielleicht
auch seine Gründe, denn das wisse ja Jedermann, daß
die Katharine den Konrad mehr geliebt habe, als ihn,
und daß der Lambert, trotz seines Wohlstandes, nachdem
er jetzt auch noch Base Ursel beerbt, und trotz der schö=
nen Frau und der schönen Kinder der unglücklichste
Mann in dem ganzen Thale sei. Still, da kommt der
Lambert mit dem Herckheimer, und welch' sonderbaren
kleinen Kerl haben sie denn da aufgegabelt?

Nikolaus Herckheimer und Lambert traten zu den
Würdenträgern, deren Unterhaltung eben eine so in=
teressante Wendung genommen hatte, und stellten ihnen
Mr. Brown aus New=York vor, welcher in Albany, wo
er in Geschäften sich aufgehalten, von dem Friedensfest
der Deutschen am Mohawk gehört, und sich, als ein

Freund der Deutschen, alsbald aufgemacht habe, demselben beizuwohnen, und dasselbe mit feiern zu helfen. Die Würdenträger hießen den fremden Herrn willkommen und sagten, es sei eine große Ehre, die sie zu schätzen wüßten, und ob Mr. Brown sich nicht mit Lambert — Herckheimer hatte sich bereits entfernt — an ihren Tisch setzen und ein Glas auf das Wohl Sr. Majestät des Königs leeren wolle? Mr. Brown war zu dem letztern sofort bereit, trank auch auf das Wohl der Deutschen, entfernte sich aber dann unter dem Versprechen, später wiederzukommen mit Lambert, da er sich noch ein wenig auf dem Festplatz umzusehen wünsche.

Mr. Brown hatte nicht nur in eigenen Geschäften, und nicht aus bloßer Sympathie mit den Deutschen den weiten Weg von New=York nach Albany, von Albany hierher gemacht. Er kam im Auftrage der Regierung, welche den Werth der deutschen Ansiedelungen am Mohawk und weiter hinauf nach den Seen endlich begriffen, und den ernsten Willen hatte, zur Förderung derselben nach Kräften beizutragen. Mr. Brown, als ein durch seine lange geschäftliche Verbindung mit den Deutschen zu dem Zwecke besonders geeigneter Mann, war mit der Mission betraut worden. Er sollte sich mit den angesehensten der deutschen Männer, wie Nikolaus Herckheimer und Lambert Sternberg, in Verbindung setzen, und deren Vorschläge entgegennehmen. Er hatte bereits mit Nikolaus Herckheimer eine längere Unterredung in diesem Sinne gehabt, und theilte jetzt dem jüngeren Freunde, während er mit demselben über den Festplatz weiter schritt, seine Ansichten mit. Still und aufmerkſam hörte Lambert zu. Es entging ihm nicht, daß der Engländer im Grunde nur immer das Intereſſe ſeiner Nation im Auge hatte, wenn er von den Vor=theilen ſprach, welche den Deutſchen aus dem Allem er=wachſen ſollten; und Mr. Brown leugnete das auch gar nicht.

„Wir ſind ein praktiſches Volk, mein lieber, junger Freund," ſagte er, „und thun nichts um Gotteswillen; Geſchäft iſt eben Geſchäft, aber dies hier iſt ein ehrliches, ich meine eines, bei welchem beide Theile gewinnen. Natürlich ſollt Ihr uns in erſter Linie als Wall und Schutzmauer dienen gegen unſere Feinde, die Franzoſen; ſollt uns die Herrſchaft über den Continent, die uns nun einmal zukommt, immer weiter ausbreiten und be=feſtigen helfen. Aber, wenn Ihr uns die Kaſtanien ſo aus dem Feuer holt, kommen Euch die ſüßen Früchte nicht ebenfalls zu gute? und wenn Ihr Euch für den König Georg ſchlagt, kämpft Ihr nicht ebenſo gut für Euer eigen Haus und den eigenen Hof? Was da, Mann! ſo lange man nicht in ſeinen eigenen Schuhen feſtſteht, muß man ſich wohl an den Andern lehnen. Macht, daß Ihr Deutſchen in die Lage kommt, für eigene Rechnung und Gefahr auf dem Weltmarkt handelnd auftreten zu können; bis dahin werdet Ihr Euch ſchon damit begnü=gen müſſen, Euch von uns in's Schlepptau nehmen zu laſſen, oder, wenn Ihr lieber wollt: unſre Wegemacher und Pioniere zu ſein."

Der lebhafte, alte Herr hatte ſeiner Gewohnheit ge=mäß zuletzt ſehr laut geſprochen und dabei mit den mageren Aermchen geſticulirt und ſein ſpaniſches Rohr auf den Boden gestoßen. Jetzt blickte er sich beinahe scheu um, faßte Lambert unter den Arm und fuhr, indem er sich von demselben weiter führen ließ, mit leiserer Stimme fort:

„Und dann will ich Euch etwas anvertrauen, mein junger Freund, wovon ich um Alles in der Welt nicht möchte, daß es Mrs. Brown zu Ohren käme, und was Ihr auch sonst für Euch behalten mögt. Ihr erinnert Euch, Lambert, wie Ihr vor fünf Jahren in New-York wart, und wir am Quai standen und Eure Landsleute ausschiffen sahen, die armen Tröpfe. Es regnete heftig und die trübselige Scene wurde dadurch nicht gerade heitrer. Wohl! an diesen Morgen habe ich jetzt, während wir hier herumschlendern, immerfort denken müssen, und habe mir gesagt: welche unermeßliche Lebenskraft muß in dieser Race stecken, die nur ein Menschenalter braucht, um sich aus halbverhungerten, scheublickenden, Alles duldenden Sclaven in vollsaftige, breitschultrige, sich den Teufel um Andre scheerende Freimänner zu verwandeln! Wie grenzenlos muß ein solches Geschlecht gelitten haben, um so tief zu sinken! wie hoch muß es steigen, wenn diese Leiden von ihm genommen sind, wenn es sich selbst, seinen guten Instinkten überlassen ist; wenn das Glück ihm gestattet, die ungeheure Kraft, die verborgen schlummerte, die jetzt kaum geweckt ist, frei zu entfalten! Wie hoch muß es steigen! wie weit muß es sich ausbreiten! was ist ihm nicht erreichbar! Lachen Sie mich nicht aus, mein junger Freund: ich zittre, wenn ich das bedenke, wenn ich bedenke: was ein Heer, wie dieses, zur Zeit noch ohne Officiere, nur dem Gesetz der Schwere gleichsam folgend, erobern kann und erobern wird, wenn es sich selbst zu lenken und zu leiten und in Reih und Glied zu marschiren lernt! Wie dem aber auch sein mag, so viel ist mir schon jetzt klar: Ihr, die Ihr hier im Vordertreffen steht, seid nur scheinbar unsere Avantgarde; im Grunde bereitet Ihr Euren eigenen Landsleuten den Weg, seid Ihr wahr und wahrhaftig deutsche Pioniere. Aber, noch einmal: Kein Wort davon, wenn Ihr diesen Herbst nach New=York kommt! Meine Nachbarn nennen mich· so schon unter sich einen Dutchman, und Mrs. Brown würde nie wieder — wohl! und da wir gerade von den Damen sprechen: wo ist denn Eure Frau, mit der Ihr damals so eilig davongegangen seid? Ich gedenke, morgen Eure Gastfreundschaft auf einige Tage in Anspruch zu nehmen, und möchte denn doch gerne meiner schönen Wirthin vorgestellt sein."

„Meine Frau," sagte Lambert, „ist nicht hier. Sie —"

„Verstehe, verstehe," unterbrach ihn der redselige alte Herr: „Kleine häusliche Ereignisse, kommen in den best=regulirten Familien vor. Verstehe!"

„Nun," sagte Lambert lächelnd, „unser Kleinstes ist freilich schon ein halbes Jahr alt; aber meine Frau trennt sich doch ungern auf längere Zeit von den Kindern; und überdies ist gerade für meine Familie dieser Freudentag auch ein Tag traurigen Gedenkens."

„Weiß, weiß," sagte der alte Herr: „Euer Bruder — wir haben davon gehört in New=York. Was wollt Ihr, Mann? Eure kühne That ist im Munde des Volkes. Die Bänkelsänger singen sie auf den Gassen:

„A Story, a Story
Unto you I will tell,
Concerning a brave hero" —

Sollte heißen two brave heroes; aber das Volk hält sich gern an Einen. Ihr müßt mir das Alles ausführlich erzählen, wenn ich morgen zu Euch komme."

„Das soll gern geschehen," erwiederte Lambert, „und so will ich mich denn heute von Euch verabschieden. Die Sonne steht schon tief und ich möchte gern bei guter Zeit zu Hause sein."

Lambert geleitete den alten Herrn zum Festgeber, der ihm herzliche Grüße an seine Frau auftrug und morgen mit dem Gaste zu kommen versprach, um weitere Rücksprache zu nehmen und auf dem Wege seine Schwiegertochter, die ihn vor vierzehn Tagen mit einem Enkelchen beschenkt, zu besuchen. Denn Richard hatte nach Base Ursels Tode das Dittmar'sche Anwesen Lambert abgekauft und war jetzt Lamberts nächster Nachbar. Richard trat herzu; er wollte Lambert begleiten. Das hätten auch Fritz und August Volz vielleicht gethan, aber ihre Frauen mochten sich noch nicht von dem Feste trennen, das gerade jetzt auf seinem Höhepunkt stand. Und dann hatten sich die Frauen in den Kopf gesetzt, daß heute oder nie der Tag sei, an welchem ihr Bruder Adam seine so lange behauptete Freiheit verlieren und zu den Füßen von Margareth Biermann, Anton Biermanns Schwester, niederlegen müsse. Adam trat herzu; er hatte geröthete Augen und stand nicht mehr ganz sicher auf seinen langen Beinen. Er umarmte Lambert und versicherte ihn unter heißen Thränen, daß der Mensch nur ein Herz habe und daß sein einziges Herz ein= für allemal vergeben, daß er aber, wenn es für Lamberts Ruhe nöthig sei — eine Nothwendigkeit, die er vollkom= men begreife — Jakob Ehrlichs kürzlich gegebenem Bei= spiel folgen und eine Biermann heirathen wolle, ob= gleich der Mensch nur ein Herz habe und Margareth nicht halb so schön klinge, wie ein anderer Name, der nie über seine Lippen kommen werde, denn der Mensch habe nur ein Herz, und sein Herz —

Hier kamen Anton Biermann und sein Schwager Jakob, um den treulosen Ritter zu holen, und Anton, der die letzten Worte überhört hatte, versicherte Lambert, Adam sei ein completer Narr, aber im Grunde ein herzensguter, braver Kerl und die alten Bellingers hätten eine hübsche runde Summe hinterlassen außer dem An= wesen, und wenn seine Schwester Gretchen wolle, so sei es ihm schon recht. Was Lambert dazu sage?

Lambert sagte, daß er Adam immer das Wort ge= redet habe und es auch in diesem Falle thue, und in diesem Sinne sprach er sich auch gegen Richard Herck= heimer aus, als die beiden Männer zwei Stunden später das Thal des Creek hinauftrabten.

„Der Adam ist gar kein solcher Narr," sagte er; „der Bursche hat Mutterwitz genug; und wenn er sich gern necken läßt, so kommen seine Gegner meistens auch nicht ungerupft davon. Brav ist er auch, wenn er es sein muß, das hat er damals bewiesen; und in der Ehe muß man eben brav sein. Darum rede ich immer und überall zu, wenn es gilt, einen neuen Heerd zu gründen. Und dann, Richard, der Deutsche zumal gedeiht nur, wenn er einen eigenen Heerd hat, wenn er für Haus und Hof, für Weib und Kind sorgen und schaffen kann. So begrüße ich den Rauch, der von einem neuen Heerde aufsteigt, wie eine Fahne, um die sich eine Schaar sammeln wird: deutsche Pioniere, wie Mr. Brown sagt, die dem Heere vorausziehen, das nach uns kommen wird."

Richard schaute seinen Begleiter ein wenig verwundert an. Der Lambert hatte immer so seltsame Gedanken und Worte! Er hätte gern gefragt, was Lambert unter dem Heere, das nach ihnen kommen werde, verstehe; aber da waren sie gerade an seinem Hause angelangt und Lambert bat ihn, Aennchen, seine Frau, zu grüßen, drückte ihm die Hand und trabte davon.

Ja, Lambert hatte immer so seltsame Gedanken, seltsam für alle Anderen, nur nicht für Katharine. Ihr durfte er Alles sagen, was sein warmes Herz ihm eingab, worüber sein allezeit geschäftiger Geist grübelte. Sie, die Schöne, Gute, Kluge verstand es, fühlte es mit, und oft genug brachte sie Klarheit in die Dinge, die sich ihm nicht erhellen wollten. Was würde sie zu den Vorschlägen sagen, die ihm Mr. Brown gemacht? „Fort, Hans, alter Bursche; noch einen kleinen Trab!"

Hans war es zufrieden: die fünf Jahre hatten ihm die Kräfte nicht geschmälert; er konnte, wenn's auf einen langen und scharfen Trab ankam, es noch mit jedem Pferde zehn Meilen in der Runde aufnehmen.

Aber für diesmal wurde die allbekannte Ausdauer des wackern Pferdes auf eine harte Probe gestellt. Es hatte kaum ein paar hundert Schritte getrabt und fing eben an, an der Sache Vergnügen zu finden, als sein

Herr es mit einem plötzlichen Ruck anhielt und schon im nächsten Augenblick aus dem Sattel gesprungen war.

„Katharine!"

„Lambert!"

„Wie geht's den Kindern?"

„Alle wohlauf! Konrad wollte nicht zu Bett gehen, bevor er Dich gesehen."

„Und Urselchen?"

„Hat heute ihren dritten Zahn bekommen."

„Und Käthchen?"

„Schläft wundervoll."

Sie schritten nebeneinander her, am Ufer hin, er den Hans lose am Zügel.

„Denkst Du noch?" sagte Katharine.

Lambert brauchte nicht zu fragen, woran er denken sollte. Dergleichen vergißt sich nicht; es war ihm, als wäre es gestern gewesen.

Und doch hatte sich so viel verändert seit jenem Abend! Wo sie damals den selten betretenen Wiesen= pfad schritten, gingen sie jetzt durch wogende Aehrenfel= der, auf einem wohlgebahnten Wege, dem eine tiefe, feste Wagenspur eingedrückt war. Und angebaute Felder überall bis zu dem Rande des Waldes, der jetzt an mehr als einer Stelle viel weiter als damals zurücktrat; und wo zwischendurch Stücke der alten Waldwiese sich zeigten, da waren sie mit großen Hecken eingefaßt, über welche hier und da ein Füllen oder ein Rind die Vor= überwandelnden mit den großen, mattglänzenden Augen anstarrte, während weiterhin in der Koppel die andern in dem saftigen Grase weideten. Und über die Wiesen

und Felder fort blickten die Schindeldächer eines großen
Gehöftes, neben welchem der alte, abgebrannte Hof sich
gar dürftig ausgenommen haben würde: und auf der
Stelle, wo das Blockhaus gestanden, ragte jetzt ein statt=
liches, steinernes Haus, dessen Giebelfenster im letzten
Abendsonnenschein glühten.

Ja, es hatte sich viel verändert seit jenem Abend,
von dem Lambert war, als wäre er gestern gewesen,
und dann wieder, als wäre er nie gewesen, als habe
es nie ein Leben gegeben ohne sein Weib, ohne seine
Kinder!

Sie hatten Konrad zu Bett gebracht und Katharine
hatte mit ihrer sanften Stimme den wilden Buben ein=
gesungen, während die beiden andern Kleinen bereits
mit rothen Bäckchen in ihren Bettchen ruhig schlummer=
ten. Jetzt saßen sie vor der Thür in der Gaisblatt=
laube, durch deren dichtes Gezweig der laue Sommernacht=
wind spielte.

Lambert hatte seiner Gattin die Ereignisse des Tages
berichtet, und von Mr. Brown erzählt, und sie hatten
Mr. Browns Plan durchsprochen, die deutschen Ansiede=
lungen weiter den Creek hinaufzuführen, hinüber bis
zum Black River, womöglich bis zum Oneida=See; und
wie Mr. Brown und Nikolaus Herckheimer und er selbst
das Land kaufen würden, und er den neuen Ansiedlern
ein Führer und Herzog sein sollte in der Wildniß. Und
er theilte Katharinen mit, was der alte Herr von der
Zukunft der Deutschen in Amerika gesagt, und wie der
Engländer fürchte, daß diese arbeitsame, zähe, aus=
bauernde deutsche Race am Ende gar die englische über=

flügeln und ihr die Herrschaft über den Continent ent=
reißen werde.

„Dies Wort aus dem Munde eines so klugen Man=
nes könnte uns sehr stolz machen," sagte Katharine.

„So dachte auch ich," erwiederte Lambert; „und
jetzt, wenn ich reiflicher nachdenke, macht es mich sehr
traurig."

„Wie meinst Du, Lambert?"

„Ich meine, der Fleiß, die Mühe, die Arbeit, die
Kraft, der Muth, die Unternehmungslust, die wir auf=
wenden müssen, um es hier so weit zu bringen, sie wären
in der alten Heimath besser an ihrem Platz. Wie Du
mir Deinen Vater schilderst: mild, edel, hülfreich, ge=
lehrt; wie mein Vater war: rasch, entschieden, weit=
schauenden Blickes; wie mein Ohm Dittmar war: un=
beugsam, starr und trotzig; wie unser herrlicher Konrad
war und unsere prächtige Base Ursel — welch' theures
Blut, das dieser neue Boden schon getrunken hat und
in Zukunft trinken wird! Und bringt er nun die rechte
Frucht der kostbaren Saat? Ich weiß es nicht. Ge=
setzt, wir erreichten Alles, was uns der alte englische
Freund verheißt, — obgleich das ja wie ein Märchen
klingt und vielleicht ein Märchen ist — aber gesetzt, wir
erreichten es und wir hätten dermaleinst das reiche Erbe
mit den Engländern zu theilen — würden wir Deutsche
bleiben? Ich zweifle daran und Du selbst, Katharine,
hast mich diesen Zweifel gelehrt. Was wäre ich ohne
Dich! und Du mußtest mir aus der alten Heimath kom=
men, konntest mir nur aus der alten Heimath kom=
men. In Deiner Seele klingt ein reinerer, tieferer Ton,

gerade wie aus den schönen Liedern, die Du mit her=
übergebracht hast und die Keiner singen kann, wie Du.
Wird dieser Ton in den Seelen unserer Kinder weiter
klingen? Und was wird aus ihnen, wenn er verklingt?"

Lambert schwieg, Katharine lehnte das Haupt an
seine Schulter; sie fand keine Antwort auf eine Frage,
die ihre eigene Brust schon oft mit trüber Sorge er=
füllt hatte.

„Und so," fuhr Lambert fort: „ist mein Herz zwie=
fach getheilt. Wenn morgen der alte Freund kommt,
werde ich mit ihm hinausgehen in die Wälder und ihm
die Wege deuten, welche die Kommenden ziehen, die
Stellen bezeichnen, auf denen sie ihre Hütten bauen
müssen. Und ich selbst — ich möchte die Hütte abbrechen
und Dich nehmen und die Kinder — Wie lautet doch
das Lied, Katharine, mit dem Du vorhin unsern Buben
in den Schlaf gesungen, das liebe, alte Lied aus der
lieben, alten Heimath:

„Wär' ich ein wilder Falke,
Ich wollt mich schwingen auf!"

Und er deutete gen Osten, wo in den heiligen
Mutterarmen der dunklen Nacht die Glorie des kom=
menden Tages schlummerte.

E n d e.

www.ingramcontent.com/pod-product-compliance
Lightning Source LLC
Chambersburg PA
CBHW031354230426
43670CB00006B/541